SOCIÉTÉ DES INGÉNIEURS CIVILS DE FRANCE

Séances des 15 février, 1er et 15 mars 1867.

COMMUNICATION

RELATIVE A LA

VENTILATION

PAR L'AIR COMPRIMÉ

1° PAR M. PIARRON DE MONDESIR

INGÉNIEUR DES PONTS ET CHAUSSÉES

THÉORIE — EXPÉRIENCES

APPLICATION EN COURS D'EXÉCUTION. AU PALAIS DE L'EXPOSITION UNIVERSELLE DE 1867

APPLICATIONS A LA MÉTALLURGIE

AUX HOPITAUX, — AUX THÉATRES, — AUX NAVIRES,

A LA SOUFFLERIE DES FORGES

2° PAR M. LEHAITRE

APPLICATION A LA VENTILATION DES MINES

PARIS

LIBRAIRIE SCIENTIFIQUE, INDUSTRIELLE ET AGRICOLE

Eugène LACROIX, Éditeur

Libraire de la Société des Ingénieurs Civils

QUAI MALAQUAIS, 15

—

1867

COMMUNICATION

RELATIVE A LA

VENTILATION

PAR L'AIR COMPRIMÉ

Paris. — Imprimerie BOURDIER, CAPIOMONT fils aîné et Cⁱᵉ, rue des Poitevins, 6.

SOCIÉTÉ DES INGÉNIEURS CIVILS DE FRANCE

Séances des 15 février, 1er et 15 mars 1867.

COMMUNICATION

RELATIVE A LA

VENTILATION

PAR L'AIR COMPRIMÉ

1° PAR M. PIARRON DE MONDESIR

INGÉNIEUR DES PONTS ET CHAUSSÉES

THÉORIE — EXPÉRIENCES

APPLICATION EN COURS D'EXÉCUTION AU PALAIS DE L'EXPOSITION UNIVERSELLE DE 1867

APPLICATIONS A LA MÉTALLURGIE
AUX HOPITAUX, — AUX THÉATRES, — AUX NAVIRES,
A LA SOUFFLERIE DES FORGES

2° PAR M. LEHAITRE

APPLICATION A LA VENTILATION DES MINES

PARIS

LIBRAIRIE SCIENTIFIQUE, INDUSTRIELLE ET AGRICOLE

Eugène LACROIX, Éditeur

Libraire de la Société des Ingénieurs Civils

QUAI MALAQUAIS, 15

1867

COMMUNICATION

RELATIVE

AU SYSTÈME DE VENTILATION PAR L'AIR COMPRIMÉ

ET A SON APPLICATION

Au Palais de l'Exposition Universelle de 1867.

Par M. **PIARRON de MONDESIR.**

EXTRAIT des Mémoires de la Société des Ingénieurs civils.

Je vais exposer le système de ventilation par l'air comprimé dont nous nous occupons, MM. Lehaître, Jullienne et moi, depuis bientôt deux années et décrire l'application de ce système actuellement en voie d'exécution au Palais de l'Exposition universelle de 1867.

Aucune publication de nature technique n'a encore été faite relativement au nouveau système dont il s'agit.

Quelques journaux en ont déjà parlé; mais le journal *le Temps* est le seul qui jusqu'à présent ait publié quelque chose de sérieux à ce sujet.

Je me propose d'exposer moi-même, avec tous les développements convenables, la partie théorique et expérimentale de notre système dans un ouvrage spécial dont j'ai déjà préparé tous les éléments, et que je ferai paraître dès que les procès-verbaux et les résultats des expériences faites dans la grande cheminée de ventilation des amphithéâtres du Conservatoire des arts et métiers auront été eux-mêmes publiés.

En attendant, je vais avoir l'honneur de vous soumettre un résumé sommaire de la théorie du nouveau système, ainsi que les principaux résultats des expériences faites jusqu'à ce jour.

Je terminerai cet exposé par une description de l'application qui se prépare au Palais du Champ de Mars.

J'ai pensé que quelques expériences démonstratives auraient pour vous quelque intérêt. Nous les avons préparées; elles viendront en temps et lieu.

Avant de parler de la nouvelle application de l'air comprimé à la ventilation, je vous demanderai la permission, Messieurs, de dire quelques

mots des deux principaux systèmes de ventilation actuellement en usage ;
c'est-à-dire la ventilation par l'appel direct de la chaleur, et celle due à
l'action directe du ventilateur mécanique.

VENTILATION PAR APPEL DIRECT DE LA CHALEUR.

Vous connaissez tous, Messieurs, cet effet de ventilation qui n'est autre
que celui qui se manifeste dans nos cheminées d'appartement.

Je me propose d'en résumer ici la théorie d'une manière fort succincte ;
et je renverrai pour plus amples informations aux ouvrages de M. Peclet,
et surtout aux *Études sur la ventilation* de M. le général Morin.

Si l'on considère une cheminée, ou conduit vertical, disposée de
façon à ce que l'air puisse rentrer plus ou moins librement par la partie
inférieure, il est évident d'abord qu'il n'y aura aucune raison pour qu'un
courant d'air se manifeste dans cette cheminée, soit de bas en haut, soit
de haut en bas, si la température de l'air est la même au bas de l'appareil,
à son sommet et dans tout son parcours.

Mais si, par un moyen de chauffage quelconque, on élève la température de l'air dans l'intérieur de la cheminée, l'air extérieur conservant
la même température en bas et en haut, tout le monde sait qu'un courant
ascendant se produira, et qu'il y aura par conséquent un entraînement
d'air plus ou moins considérable.

La cheminée sera alors transformée en appareil de ventilation.

C'est ce qu'on nomme *la ventilation par appel direct de la chaleur*.

On remarquera tout d'abord qu'un tel appareil peut parfaitement servir
à extraire de l'air d'un lieu quelconque, mais qu'il ne peut être employé
à refouler de l'air frais dans une salle, attendu que dans ce système l'air
ne peut être entraîné qu'à la condition d'être échauffé.

La vitesse que l'air prend dans l'appareil de ventilation par appel est
évidemment fonction de la différence θ de température de l'air dans l'intérieur de la cheminée et de l'air extérieur au sommet de la cheminée.

La théorie et l'expérience ont démontré que cette vitesse était proportionnelle à $\sqrt{\theta}$.

Si donc on désigne par u la vitesse par $1''$ de l'air à son passage dans la
cheminée supposée cylindrique, on aura l'équation :

$$u = A' \sqrt{\theta}. \qquad (1)$$

A' étant un coefficient toujours plus petit que l'unité et dont la valeur
variera avec les dispositions de chaque appareil.

Il est essentiel de remarquer que l'exactitude de cette formule pratique
repose sur l'hypothèse d'une égalité parfaite entre la température de l'air
aspiré à la base de la cheminée et de l'air extérieur qui entoure le sommet
de la cheminée, de telle sorte que si l'on supprimait la source de chaleur

à laquelle est due l'augmentation de température θ, aucun courant ne se produirait dans l'appareil.

On reconnaît *à priori* et à l'inspection seule de cette formule pratique que le système de ventilation par appel doit être très-économique, au point de vue de la dépense de combustible, pour de petites vitesses, et très-dispendieuse au contraire pour de grandes vitesses.

Il est du reste facile de démontrer que cette dépense de combustible *croît proportionnellement au cube de la vitesse.*

Soient :

ω la section en mètres carrés de la cheminée supposée cylindrique ;

δ le poids d'un mètre cube d'air au moment où il entre dans la cheminée pour y être échauffé et entraîné ;

γ la chaleur spécifique de l'air à pression constante ;

M le nombre de calories communiquées à l'air, à son passage dans la cheminée, par chaque unité de combustible employé pour produire l'augmentation de température θ ;

n' le nombre des unités de combustible dépensé par heure.

Il est évident que le nombre de calories totales communiqué à l'air à son passage dans la cheminée, pendant la durée d'une heure, est représenté d'une part :

par la quantité $$M \times n' ;$$

et d'autre part par la quantité :

$$\omega \times 3{,}600 \times u \times \theta \times \delta \times \gamma ;$$

On peut donc poser l'égalité :

$$E \times u \times \theta \times \delta \times \gamma = M \times n' \tag{2}$$

en faisant :

$$\omega \times 3{,}600 = E.$$

Je remplace dans cette équation θ par sa valeur $\dfrac{u^2}{A'^2}$ tirée de l'équation (1),

et j'obtiens la relation :

$$\frac{E\,u^3}{n'} = \frac{M \times A'^2}{\delta \times \gamma}. \tag{3}$$

Dans cette équation, les quantités E, A'^2, δ et γ sont évidemment constantes pour un même appareil.

La quantité M peut être également considérée comme constante dans certaines limites.

Cela revient à admettre que, dans certaines limites de consommation de combustible, la quantité de chaleur utilisée par chaque unité de combustible, au profit de l'échauffement de l'air entraîné, restera la même.

Il en résulte que le rapport $\dfrac{u^3}{n'}$ est constant. Ce que je me proposais de démontrer.

On peut donc énoncer sous forme de théorème pratique la proposition suivante :

Dans un appareil quelconque de ventilation par appel, la dépense de combustible est proportionnelle au cube de la vitesse d'entraînement.

La quantité $\dfrac{\mathrm{E}\,u^3}{n'}$ qui n'est autre que le nombre de mètres cubes d'air entraîné dans la cheminée, à la vitesse d'un mètre, par chaque unité de combustible consommé, est une *constante* qui donne la mesure de la puissance d'entraînement d'un appareil quelconque de ventilation par appel direct de la chaleur.

Si je désigne cette *constante* par C', je puis poser :

$$\frac{\mathrm{E}\,u^3}{n'} = \mathrm{C'}. \tag{4}$$

Le volume d'air entraîné à la vitesse u par chaque unité de combustible sera donné par l'équation :

$$\frac{\mathrm{E}\,u}{n'} = \frac{c'}{u^2}. \tag{5}$$

On peut déterminer la valeur de cette *constante* C' par un série d'expériences et même par une seule expérience de quelque durée.

Vous savez tous, Messieurs, que la grande cheminée de ventilation des amphithéâtres du Conservatoire peut être citée comme un des appareils les mieux compris pour l'entraînement de l'air par l'action directe de la chaleur.

La *constante* C' y acquiert une valeur d'environ 2,700. En d'autres termes, chaque kilogramme de charbon consommé dans le foyer établi à la base de cette cheminée y détermine l'entraînement d'environ 2,700 mètres cubes d'air à la vitesse d'un mètre, indépendamment de l'action de la ventilation naturelle.

La valeur de E correspondante au diamètre moyen de la cheminée qui est de $2^m.35$, étant de 15,880, il en résulte qu'il suffit d'une consommation moyenne d'environ $5^k.90$ de charbon pour extraire des amphithéâtres un volume d'air de 15,880 mètres cubes par heure.

C'est assurément un beau résultat qui est dû à l'excellente disposition de l'appareil dont les grandes sections permettent d'entraîner un grand volume d'air à de petites vitesses.

La loi pratique que je viens d'établir par le calcul relativement à la dépense de combustible et à la vitesse d'entraînement se trouve vérifiée par des expériences faites par M. le général Morin lui-même.

Je veux parler ici d'une série d'expériences au nombre de huit faites dans la cheminée de la direction du Conservatoire, et dans lesquelles le gaz d'éclairage a été employé comme source de chaleur.

Ces expériences sont relatées dans l'ouvrage de M. le général Morin, *Études sur la ventilation*, 1er volume, page 315. Elles remontent aux mois d'août et septembre 1862.

Voici un tableau résumé de ces expériences :

Numéros des Expériences.	VITESSES observées. u	CUBES de ces vitesses. u^3	MÈTRES CUBES de gaz consommés par heure n	RAPPORT $\dfrac{u^3}{n}$
1	m. 1.92	7.08	mèt. cub. 0.218	32.5
2	2.65	18.61	0.333	55.8
3	2.72	20.12	0.967	20.8
4	3.95	61.63	2.636	23.4
5	3.46	41.42	2.000	20.7
6	3.84	56.62	2.500	22.6
7	4.16	71.99	3.000	23.9
8	4.34	81.75	3.478	23.4

Moyenne des six dernières expériences. 22.8

En laissant de côté les deux premières expériences faites avec de petites quantités de gaz, et qui paraissent anormales, on voit que les six dernières donnent des résultats assez concordants en ce qui concerne le rapport $\dfrac{u^3}{n}$ qui varie entre 20.7 et 23.9 et dont la moyenne est 22.8.

Si on tient compte de *l'aléa* des expériences de ventilation, on verra dans ce résultat une vérification assez remarquable de la loi pratique déduite précédemment du calcul.

La théorie et l'expérience s'accordent donc pour démontrer que dans un appareil de ventilation par appel direct de la chaleur, *la dépense du combustible croît proportionnellement au cube de la vitesse d'entraînement.*

En résumé, ce système de ventilation n'est applicable qu'à l'extraction de l'air vicié d'une salle, et il n'est réellement avantageux qu'avec de petites vitesses d'entraînement. Son application exige donc des galeries et cheminées présentant de grandes sections.

D'après les principes de la théorie mécanique de la chaleur, toutes les calories conservées par l'air expulsé au moment où il atteint le sommet de la cheminée de ventilation, constituent une force perdue. La force motrice employée à l'entraînement de l'air consiste donc seulement dans la différence entre la somme des calories communiquées à l'air par le foyer installé à la base de la cheminée et celle que cet air conserve au sommet de la cheminée.

De cette simple observation découlent deux conséquences importantes :

1° Il est nécessaire de donner une grande hauteur aux cheminées de ventilation, afin que l'air puisse se refroidir le plus possible dans son trajet vertical par la cheminée ;

2° Au fur et à mesure que la vitesse augmente, le refroidissement est relativement moins considérable, et la proportion de chaleur conservée par l'air expulsé, c'est-à-dire la déperdition de force, va en augmentant rapidement.

Je terminerai cet exposé par une dernière remarque :

Le problème de la ventilation comporte évidemment deux termes : extraction de l'air vicié et introduction de l'air nouveau.

Le système de l'appel ne résout que le premier, sauf le cas où l'air nouveau à introduire est chauffé par un calorifère.

Ce système n'est donc pas complet en ce sens qu'il ne peut assurer la rentrée de l'air nouveau.

Il y a des cas, il est vrai, comme aux amphithéâtres du Conservatoire, où la rentrée de l'air nouveau s'effectue librement et sans qu'on ait besoin de recourir à aucun moyen artificiel pour le refoulement de cet air. Ainsi, au grand amphithéâtre du Conservatoire, l'air nouveau rentre par des rosaces pratiquées dans le plafond ; il est pris dans un vaste grenier communiquant avec l'air extérieur par une large ouverture. Dans de telles conditions, la rentrée de l'air nouveau est immédiate et cet air n'a aucune résistance à vaincre dans son parcours, si ce n'est toutefois l'action de la ventilation naturelle de la salle.

Mais il n'en est pas de même dans une foule d'applications, et notamment aux nouveaux théâtres Lyrique et du Châtelet, où l'air nouveau pris à l'extérieur est obligé, pour rentrer dans la salle par les ouvertures ménagées à cet effet, d'effectuer un parcours plus ou moins long dans une suite de galeries ou de gaînes. Cette rentrée d'air étant loin d'être immédiate, comme aux amphithéâtres du Conservatoire, ne fonctionne pas à beaucoup près avec la régularité et l'énergie qu'on espérait. Aussi l'air nouveau rentre-t-il de préférence par les portes des loges, ce qui est un grave inconvénient pour les spectateurs.

Je ne m'étendrai pas davantage sur le système de ventilation par appel direct de la chaleur, et je dirai maintenant quelques mots sur les effets de ventilation obtenus avec des ventilateurs mécaniques.

VENTILATEURS MÉCANIQUES.

Vous connaissez tous, Messieurs, cet appareil qui aspire l'air par le centre et l'expulse par la circonférence avec une vitesse plus ou moins grande.

Avec un ventilateur simple, la vitesse de sortie initiale reste en général au-dessous de 50 mètres par 1″, ce qui correspond à une pression de 0^m.13 d'eau.

Avec le ventilateur double inventé récemment par M. Perrigault, ingénieur-constructeur à Rennes, on peut atteindre une vitesse initiale de 105 à 110 mètres correspondante à des pressions d'eau de 0^m.75 à 0^m.80.

Quand le ventilateur est employé comme machine soufflante, toute la puissance du jet d'air comprimé fourni par l'appareil est utilisée.

Mais il n'en est plus de même quand on emploie cet appareil pour produire un effet de ventilation. L'appareil peut alors procéder par refoulement ou par aspiration.

Dans le premier cas, comme on ne peut pas pratiquement introduire de l'air dans une salle avec des vitesses de 50 mètres, il faut nécessairement faire détendre l'air comprimé par le ventilateur dans des conduites dont on calcule la section de manière à ce que les rentrées d'air s'effectuent avec la vitesse admise pour la ventilation, c'est-à-dire avec des vitesses de 1 à 2 mètres par seconde.

L'air fourni par l'appareil est alors condamné à une détente stérile pour passer de la vitesse initiale à la vitesse de ventilation.

Au point de vue mécanique, l'opération est loin d'être bonne. On peut la comparer à celle qui consisterait à remonter au premier étage un volume d'eau destiné aux besoins du rez-de-chaussée.

Il y a évidemment, dans cette manière d'opérer, une perte de force qui est d'autant plus grande que l'écart entre la vitesse initiale et la vitesse finale de ventilation est lui-même plus considérable.

Dans le cas où l'appareil procède par extraction, l'inconvénient d'une rentrée d'air à grande vitesse n'existe plus, il est vrai ; mais il y a toujours une perte de force plus ou moins considérable provenant de ce que l'air expulsé est lancé dans l'atmosphère avec une grande vitesse.

Ces observations nous amènent naturellement à la conclusion suivante : c'est que les ventilateurs mécaniques destinés à la ventilation doivent être établis de manière à diminuer autant que possible leur vitesse initiale.

Il convient donc d'augmenter leur diamètre et de diminuer leur vitesse de rotation ; mais alors le rendement de l'appareil diminue.

Je ne crois pas inutile de faire remarquer ici que j'entends par le rendement d'un ventilateur mécanique, et en général de tout appareil de compression, le rapport entre la force vive du jet, sortant de l'appareil exprimé en chevaux-vapeur, et le nombre de chevaux-vapeur développé par le moteur qui actionne l'appareil.

Pour le ventilateur double de M. Perrigault, ce rendement peut approcher de 50 p. 100.

Pour les ventilateurs simples, ce rendement est beaucoup moindre.

Je dois vous avouer du reste que je n'ai pas encore pu me procurer de renseignements précis sur cette question.

Toutefois la communication faite ici, à la dernière séance, par M. Monthiers, me met à même de calculer le rendement d'un ventilateur mécanique, cité par cet ingénieur.

Je veux parler du ventilateur à force centrifuge de $1^m.70$ de diamètre et débitant $4^{me}.57$ à la pression du $0^m.02$ d'eau par $1''$, pour une consommation de 580 kilog. de charbon par 24 heures.

On a estimé l'effet utile en chevaux-vapeur à $1^c.27$, et la force motrice dépensée à $4^v.70$, d'où l'on conclut au rendement de 27 p. 100.

Je crois ce calcul entaché d'erreur.

En effet, la force en chevaux-vapeur d'un jet à la pression, de $0^m.02$ d'eau et débitant $4^{me}.57$ par $1''$, est bien de $1^c.27$. Mais une consommation de 580 kilog. de charbon par 24 heures, soit de $24^k.17$ par heure, correspond, à raison de $2^k.50$ par force de cheval et par heure, à une force motrice de $9^c.67$ et non pas de $4^c.70$.

Il en résulte que le rendement du ventilateur ne serait que de 13 p. 100 au lieu de 27 p. 100.

Vous savez, Messieurs, qu'il existe des applications de ventilateurs mécaniques à la ventilation. J'en citerai deux seulement :

Celle de l'hôpital Lariboisière, pavillons des hommes, et celle du théâtre des Célestins à Lyon.

A l'hôpital Lariboisière l'air extérieur est refoulé dans la salle des trois pavillons des hommes par un ventilateur mécanique mis en mouvement par une machine à vapeur. Je renverrai, pour la description des appareils et les nombreuses expériences faites, aux *Études sur la ventilation*, de M. le général Morin, 1er volume, page 356 et suivantes.

Je vais me borner à l'énonciation des principaux résultats :

1° L'air refoulé pénètre dans la salle par des poêles installés sur la ligne centrale ;

2° La vitesse de rentrée de l'air nouveau par ces poêles varie entre $0^m.60$ et 1 mètre ;

3° Le volume d'air débité par heure par les poêles est d'environ 30,000 mètres cubes pour un développement de force du moteur de 10 chevaux.

On obtient donc ainsi un refoulement d'environ 3,000 mètres cubes par force de cheval, soit de 1,200 mètres cubes par kilogramme de charbon, en admettant une consommation de charbon de $2^k.50$ par cheval et par heure.

Ce résultat est inférieur à celui des amphithéâtres du Conservatoire que j'ai cité plus haut.

M. le général Morin, dans son ouvrage déjà cité, a calculé le prix de la ventilation annuelle à raison d'un mètre cube par heure, y compris intérêts et amortissement du capital, pour diverses installations.

Il constate ainsi :

1° Que pour les pavillons des hommes de l'hôpital Lariboisière ventilés mécaniquement, le prix de revient est de . . . . 2 fr. 43

2° Que ce même prix, pour les pavillons des femmes, ventilés par appel direct de la chaleur, n'est que de. 1   43

Ce qui correspond à 0 fr. 28 par mille mètres cubes pour le premier cas, et à 0 fr. 16 pour le second.

Ces résultats sont une nouvelle preuve de l'infériorité du système de ventilation mécanique relativement au système de l'appel.

Je passe maintenant au théâtre des Célestins de Lyon.

On a installé dans la cave de ce théâtre une turbine de la force de 2 chevaux qui active un ventilateur mécanique.

On obtient ainsi un refoulement d'air dans la salle qui a été évalué à environ 1,800 mètres cubes par heure, par une commission instituée *ad hoc*.

Malgré la faiblesse de cet effet de ventilation, on a constaté une amélioration sensible dans l'état atmosphérique de cette salle.

Ce résultat correspond à 900 mètres cubes par cheval, soit à 360 mètres cubes par kilogramme de charbon.

Il serait donc notablement inférieur à celui constaté ci-dessus pour l'hôpital Lariboisière.

Je ne crois pas utile d'entrer dans de plus grands détails sur la ventilation mécanique; et je vais aborder maintenant le nouveau système de ventilation par l'air comprimé.

VENTILATION PAR L'AIR COMPRIMÉ.

Messieurs, vous voyez devant vous un petit appareil de ventilation par l'air comprimé.

Il se compose d'un tuyau en fer blanc de $0^m.20$ de diamètre et de $1^m.20$ de longueur, terminé par un pavillon.

A l'extrémité qui porte le pavillon, et dans la direction de l'axe du tuyau, est fixé un tube de petit diamètre communiquant avec un récipient d'air comprimé.

Un pas de vis permet de fixer au bout de ce tube des ajutages de différents diamètres.

L'air comprimé qui sortira par l'ajutage, va former par sa détente un véritable piston gazeux qui poussera devant lui l'air contenu dans le tuyau. Cet air sera remplacé par de l'air nouveau entrant par le pavillon; et un courant général plus ou moins rapide va se manifester dans toute la section de tuyau.

L'air comprimé joue ici le rôle de moteur direct et entraîne avec lui une masse plus ou moins considérable d'air atmosphérique.

Je désigne :

Par m la masse d'air comprimé qui sort par $1''$ de l'ajutage ;

Par V la vitesse de cet air ;

Par U la vitesse du courant d'air qui se produit dans le tuyau en avant du jet ;

Par M la masse d'air qui sort du tuyau par $1''$.

Toute la théorie de la ventilation par l'air comprimé est basée sur l'équation suivante :

$$m\,V = M\,U.$$

$$(1)$$

Je désigne maintenant :

Par d le diamètre de l'ajutage ;

Par D celui du tuyau ;

Par π la pression atmosphérique $= 10{,}334^{k}$;

Par g la force accélératrice de la pesanteur $= 9^{m}.81$;

Par δ le poids d'un mètre cube d'air atmosphérique ;

Par μ le nombre d'atmosphères effectives de la compression de l'air moteur.

J'aurai les relations :

$$m\,V = 2 \times \frac{\pi\,d^{2}}{4} \times \mu \times \pi\,;$$

et

$$M\,U = \frac{\pi\,D^{2}}{4} \times \frac{\delta}{g} \times U^{2}\,;$$

j'en tire immédiatement l'équation :

$$U = \sqrt{\frac{2\,\pi\,g}{\delta}} \times \frac{d}{D} \times \sqrt{\mu}.$$

$$(2)$$

Pour des vitesses d'entraînement ne dépassant pas 30 à 40 mètres et pour la même température, on peut, sans erreur sensible, considérer δ comme constant.

Alors la quantité

$$\sqrt{\frac{2\,\pi\,g}{\delta}}$$

sera un coefficient constant que je désignerai par A_0.

Pour la valeur $\delta = 1^{k}.24$ qui correspond à la température de $12°$ moyenne générale de la France et à la pression barométrique de $0^{m}.76$, on aura :

$$A_0 = \sqrt{\frac{2 \times 10,\ 334 \times 9.81}{1.24}} = 404.4.$$

J'écrirai donc désormais :

$$U = A_0 \times \frac{d}{D} \times \sqrt{\mu} = 404.4 \times \frac{d}{D} \times \sqrt{\mu}.$$

$$(3)$$

Telle est l'équation qui donne la vitesse d'entraînement dans l'appareil qui est devant vous et que j'appelle *appareil simple,* parce que la conduite dans laquelle se fait l'entraînement présente un minimum de longueur, et que je puis y négliger l'influence des frottements.

Cette équation suppose que les coefficients de contraction de l'air comprimé à sa sortie de l'ajutage et de l'air atmosphérique à sa rentrée par le pavillon sont égaux ; ce qui a sensiblement lieu dans la pratique.

L'exactitude de la formule (3) a été vérifiée par une série d'expériences faites avec le concours de M. Paul de Mondesir, ingénieur en chef des manufactures de l'État, et de mes collaborateurs MM. Lehaître et Jullienne.

Je joins ici le tableau de ces expériences, au nombre de 36.

La pression de l'air comprimé moteur a varié dans des limites comprises entre $0^a.20$ et $8^a.85$.

Le diamètre des ajutages a varié entre $0^m.0003$ et $0^m.0025$.

Le tuyau qui a servi aux expériences est celui qui est ici devant vous.

Je ne présente pas cette série d'expériences comme ayant été faites avec toute la précision désirable en pareille matière.

Mais la comparaison des vitesses données par l'anémomètre avec celles calculées par la formule (3) ne doit laisser aucun doute sur l'exactitude de cette formule.

En effet, les différences ont varié tantôt en plus, tantôt en moins.

On a observé 15 différences en moins, sur la vitesse théorique, dont la moyenne est de 3 %, et 21 différences en plus dont la moyenne est de 6 %.

La théorie est évidemment ici d'accord avec l'expérience.

Nous allons maintenant faire quelques expériences en votre présence avec une pompe à air et un récipient que M. Wiessnegg, fabricant d'appareils, a bien voulu mettre à notre disposition.

Tableau des expériences faites le 2 février 1866, dans une conduite en fer-blanc de 0^m.20 de diamètre et de 1^m.20 de longueur.

Numéros des expériences.	PRESSIONS moyennes dans le récipient.	NOMBRE de tours de l'anémomètre.	VITESSES observées.	VITESSES calculées.	DIFFÉRENCES.
	a.		m.	m.	
1° Ajutage de 0^m.0005. Durée de l'expérience 1'.					
1	8.85	875	1.76	1.80	—0.04
2	8.45	850	1.71	1.76	—0.05
3	8.30	845	1.70	1.74	—0.04
4	8.20	775	1.55	1.73	—0.18
5	8.08	750	1.52	1.72	—0.20
2° Ajutage de 0^m.0005. Durée de l'expérience 1'.					
6	7.85	1,425	2.81	2.83	—0.02
7	7.70	1,375	2.72	2.80	—0.08
8	7.55	1,375	2.72	2.77	—0.05
9	7.50	1,325	2.61	2.76	—0.14
10	7.45	1,350	2.65	2.75	—0.10
3° Ajutage de 0^m.0007. Durée de l'expérience 1'.					
11	7.17	1,920	3.76	3.78	—0.02
12	6.45	1,950	3.82	3.59	+0.23
13	6.30	1,925	3.77	3.54	+0.23
14	6.05	1,850	3.62	3.47	+0.16
15	5.80	1,825	3.58	3.40	+0.18
4° Ajutage de 0^m.0009. Durée de l'expérience 1'.					
16	5.42	2,200	4.30	4.23	+0.07
17	5.08	2,175	4.25	4.09	+0.16
18	4.78	2,075	4.06	3.97	+0.09
19	4.50	1,960	3.84	3.85	—0.01
20	4.20	2,000	3.91	3.72	+0.19
5° Ajutage de 0^m.0001. Durée de l'expérience 1'.					
21	3.85	2,140	4.18	3.96	+0.21
22	3.58	2,050	4.01	3.81	+0.20
23	3.10	1,875	3.67	3.55	+0.12
6° Ajutage de 0^m.0012. Durée de l'expérience 1'.					
24	2.80	2,200	4.30	4.05	+0.25
25	2.45	2,000	3.91	3.79	+0.12
26	2.15	1,880	3.68	3.55	+0.13
7° Ajutage de 0^m.0015. Durée de l'expérience 30".					
27	1.88	1,175	4.58	4.15	+0.43
28	1.68	1,130	4.41	3.92	+0.49
29	1.53	950	3.72	3.74	—0.02
30	1.35	950	3.72	3.52	+0.20
8° Ajutage de 0^m.0018. Durée de l'expérience 30".					
31	1.13	950	3.72	3.85	—0.13
32	0.90	830	3.27	3.44	—0.17
33	0.70	830	3.27	3.04	+0.13
34	0.55	750	2.96	2.69	+0.27
9° Ajutage de 0^m.0025. Durée de l'expérience 30".					
35	0.40	925	3.62	3.19	+0.43
36	0.20	650	2.57	2.25	+0.32

OBSERVATIONS.

La température de la salle d'expériences était de 11° 1/2.

La pression dans le récipient était donnée par un manomètre métallique Bourdon. On prenait la moyenne des pressions au commencement et à la fin de chaque expérience.

La formule de l'anémomètre était :

$$V = 0.08 + 0.115\,n.$$

On le promenait sur le pourtour du tube de 0^m.20. La vitesse variait généralement suivant la position de l'instrument. Cela tenait à ce que les ajutages n'étaient pas toujours parfaitement dirigés suivant l'axe de la conduite. C'est à cette cause qu'on doit attribuer les anomalies qui se présentent parfois dans le nombre de tours observés. Les diamètres des ajutages doivent être considérés comme parfaitement exacts, malgré leur exiguité. Ils ont été faits par M. Tergny, opticien, et vérifiés au moyen de calibres ou aiguilles dont les diamètres ont été vérifiés à leur tour au compas Palmer.

Dans les expériences précédentes, le tuyau de 0^m.20 n'était pas muni de pavillon.

La formule (3) donne immédiatement lieu à une remarque des plus importantes. C'est qu'on peut obtenir la même vitesse d'entraînement dans le même appareil, soit en faisant varier la pression, soit en faisant varier le diamètre de l'orifice d'échappement du jet comprimé moteur, pourvu que le produit $d\sqrt{\mu}$ reste le même.

Ainsi, dans les expériences n°s 11 et 31 du tableau, on a constaté sensiblement la même vitesse d'entraînement (3^m.76 et 3^m.72) avec des pressions de 7^a.17 et de 1^a.13, et avec des ajutages de 0^m.0007 et de 0^m.0018 de diamètre.

Mais les forces motrices en chevaux-vapeur de ces deux jets sont bien différentes, ainsi que je vais le démontrer.

Soient V et V′ les vitesses de sortie des deux jets d'air comprimé aux pressions effectives μ et μ', s'échappant par des orifices de diamètres d et d' et produisant le même effet de ventilation dans le même appareil :

On aura d'abord la relation :

$$m\,V = m'\,V'.$$

La force motrice en chevaux-vapeur du premier jet sera :

$$\frac{m\,V^2}{2 \times 75}.$$

Celle du second jet sera :

$$\frac{m'\,V'^2}{2 \times 75},$$

et leur rapport sera :

$$\frac{V}{V'}.$$

Comme elles produisent le même effet de ventilation, la conclusion est *qu'il y a avantage, au point de vue de la dépense de force motrice, à employer de l'air comprimé à basse pression.*

Je me reporte maintenant à la relation fondamentale :

$$m\,V = M\,U.$$

Si je désigne par F la force motrice en chevaux-vapeur du jet d'air comprimé, laquelle est égale à

$$\frac{m\,V^2}{150},$$

il est clair que je puis poser l'égalité :

$$\frac{M\,U}{\dfrac{m\,V^2}{150}} = \frac{M\,U}{F} = \frac{150}{V}. \tag{4}$$

Or, on a :

$$M\,U = \frac{\omega \times \delta \times U^2}{g} = E\,U^2 \times \frac{\delta}{g \times 3,600};$$

en faisant comme précédemment E $= \omega \times 3{,}600$.

D'un autre côté la relation :

$$\Lambda o = \sqrt{\frac{2\,g\,\pi}{\delta}},$$

donne :

$$\frac{\partial}{y} = \frac{2\pi}{Ao^2}.$$

On aura donc en définitive :

$$\frac{MU}{F} = \frac{150}{V} = EU^2 \frac{2\pi}{F \times Ao^2 \times 3{,}600},$$

et

$$\frac{EU^2}{F} \times V = \frac{150 \times 3{,}600 \times Ao^2}{2\pi}. \tag{5}$$

Le second membre de l'équation (5) est une quantité constante que je désignerai par Co et que j'appellerai la *constante générale* de la ventilation par l'air comprimé dans l'appareil simple.

Cette constante n'est autre que le volume d'air entraîné, dans l'appareil simple, à la vitesse d'un mètre par chaque cheval-vapeur du jet, multiplié par la vitesse de sortie de cet air.

En remplaçant, dans l'équation (5) Ao^2 et 2π par leur valeur moyenne :

$$Ao^2 = 163{,}539$$

et

$$2\pi = 20{,}668$$

j'obtiens pour la valeur de la constante Co.

$$Co = 4{,}272{,}840. \tag{6}$$

Le volume d'air entraîné, dans l'appareil simple, à une vitesse quelconque U, par chaque cheval-vapeur de jet, sera donc donné par la formule :

$$\frac{EU}{F} = \frac{Co}{U \times V}. \tag{7}$$

Ce volume *varie donc en raison inverse de la vitesse d'entraînement U et de la vitesse V de l'air comprimé moteur.*

L'équation

$$\frac{EU^2}{F} \times V = Co$$

démontre que la force motrice du jet croît proportionnellement au *carré* de la vitesse d'entraînement, quand la vitesse V de l'air comprimé moteur est la même, ou ce qui revient au même, quand la pression μ ne varie pas.

Or, la force motrice du jet est une certaine fraction de la force développée par le moteur, et du nombre d'unités de combustible consommé par ce moteur.

Donc la consommation de combustible croît comme le carré de la vitesse dans la ventilation par l'air comprimé, tandis qu'elle croît comme le cube de la même vitesse dans la ventilation par appel.

La théorie que je viens d'exposer est relative à l'entraînement de l'air dans l'*appareil simple*.

Mais il est facile de voir qu'elle s'applique à un appareil quelconque.

Je vais maintenant considérer un appareil quelconque composé d'un premier réseau de conduites dans lequel l'air devra être aspiré, et d'un second réseau dans lequel l'air devra être refoulé.

J'intercalerai l'appareil simple entre ces deux réseaux.

Il est évident que la vitesse d'entraînement u qui se produira, dans ces conditions, dans le trajet de l'appareil simple, sera moindre que la vitesse U donnée par la formule (3).

On sait d'avance par les formules données par les hydrauliciens et en particulier par d'Aubuisson, qui s'est occupé spécialement de l'étude du mouvement de l'air dans les conduites, que l'on aura dans tous les cas que l'on pourra considérer :

$$u = \frac{U}{K}. \tag{8}$$

K étant un coefficient plus grand que l'unité et dont la valeur tient compte de toutes les pertes de force vive dues aux frottements.

Je crois inutile de reproduire ici la théorie de d'Aubuisson qui, comme on le sait, est fondée sur ce principe : que les pertes de charge dues aux frottements dans les conduites sont proportionnelles aux carrés des vitesses et au rapport des longueurs des conduites à leur diamètre.

La vitesse d'entraînement dans un appareil quelconque de ventilation par l'air comprimé sera donc donnée par la formule :

$$u = \frac{Ao}{K} \times \frac{d}{D} \times V\mu. \tag{9}$$

Le coefficient K peut se calculer d'avance d'après les dispositions de l'appareil.

Mais l'expérience directe en donnera toujours plus exactement la véritable valeur.

Si l'on désigne par C la *constante* générale de ventilation dans un appareil dont le coefficient est K, il est clair que l'on aura :

$$C = \frac{E u^2}{F} \times V = \frac{Co}{K^2};$$

et par suite
$$K = \sqrt{\frac{C}{Co}}. \tag{10}$$

Une seule expérience suffira à la rigueur pour déterminer u et par suite la *constante* C et le coefficient K.

Je ne m'étendrai pas davantage sur la partie théorique du nouveau système de ventilation par l'air comprimé.

Je vais maintenant dire quelques mots des expériences comparatives faites dans la grande cheminée de ventilation du Conservatoire.

EXPÉRIENCES COMPARATIVES DU CONSERVATOIRE.

Ces expériences, qui ont eu lieu en mai et juin de l'année dernière, sont dues à l'initiative de l'honorable et savant général qui dirige ce magnifique établissement.

M. Tresca les a dirigées avec cette impartialité que tout le monde connaît.

On avait installé dans l'axe de la cheminée et à 5 mètres environ au-dessus du fond, un appareil injecteur sur lequel on vissait des ajutages dont le diamètre a varié entre $0^m.04$ et $0^m.03$. La pression effective des jets a varié entre 2 atmosphères et $0^a.13$.

Il a été impossible d'expérimenter avec des pressions plus basses, en raison des petites dimensions de la pompe à air.

On a fait ensuite, comparativement, la grande expérience par le feu dont j'ai déjà eu occasion de parler.

M. Tresca n'a pas encore publié les procès-verbaux de ces expériences. Mais je suis convaincu qu'il ne trouvera pas mauvais que je vous en fasse connaître ici, d'une manière sommaire, les principaux résultats.

Je commencerai par la grande expérience de ventilation par le feu.

Cette expérience, faite les 25 et 26 juin, a donné $32^h 1/2$.

Le feu était réglé de manière à maintenir la vitesse d'entraînement dans la section moyenne de la cheminée aux environs de $1^m.45$ par $1''$.

La moyenne de cette vitesse donnée par un anémomètre totalisateur à compteur électrique, a été de $1^m.432$.

La consommation totale du charbon a été de $417^k.43$, ce qui donne une moyenne de $12^k.84$ par heure.

Mais si la vitesse a été maintenue dans des limites assez rapprochées de la moyenne, il n'en est pas de même de la consommation horaire du charbon qui a varié entre $8^k.16$ et $20^k.44$.

Ces variations notables dans la consommation du combustible par heure tiennent à l'action de la ventilation naturelle.

Si on ne tenait pas compte de cette action, on trouverait pour la valeur de la *constante* C', relative à l'appareil de ventilation du Conservatoire :

$$C' = \frac{E u^3}{n'} = \frac{15,880 \times (1.432)^3}{12.84} = 3,577.$$

Mais il est évident que l'action de la ventilation naturelle était d'autant plus grande que la consommation de combustible était moindre, et réciproquement.

Pour éliminer autant que possible l'effet de la ventilation naturelle, il paraît convenable de considérer la partie de l'expérience où la consommation du charbon a été le plus active.

Le tableau de cette expérience indique une consommation partielle de

80^k de charbon entre 4^h et 8^{h}45$'$ du soir du 25 juin ; ce qui donne pour cet intervalle de 4^{h}3/4 une consommation moyenne de 16^k.84 par heure.

La vitesse moyenne observée pendant la période considérée a été de 1^m.415.

Si donc, on admet que dans cette période, l'effet de la ventilation naturelle puisse être considéré comme nul ou négligeable, on aura pour la constante C$'$, une seconde valeur qui sera :

$$C' = \frac{15,880 \times (1.415)^3}{16.84} = 2,671.$$

Il me paraît que cette dernière valeur de la constante C$'$, que j'ai déjà eu occasion de citer, est celle qui se rapproche le plus de la vérité, parce qu'elle élimine l'action de la ventilation naturelle.

Je la prendrai pour terme de comparaison avec les expériences sur l'air comprimé dont je vais maintenant parler.

Leur nombre est de 33.

Je ferai remarquer tout d'abord que l'application de ce système permet d'observer la ventilation naturelle à un moment quelconque. En effet, la cheminée n'étant pas chauffée, il suffit pour cela d'interrompre l'action du jet moteur.

Il a donc été possible, pour chaque expérience, de faire la correction due à la ventilation naturelle observée.

Cette correction faite, on arrive aux résultats principaux suivants :

1° La moyenne générale de la constante générale C, déduite de 33 expériences, est :

$$C = 1,006,697 ;$$

Ce qui donne pour le coefficient de résistance K relatif à l'appareil du Conservatoire :

$$K = \sqrt{\frac{4,272,840}{1,006,697}} = 2.05 ;$$

2° La moyenne particulière de C relative aux 4 expériences faites à la pression de 2 atmosphères avec l'ajutage de 0^m.04 est :

$$C = 1,044,367 ;$$

3° La moyenne particulière de C relative aux 5 expériences faites à la pression de 0^a.13 avec l'ajutage de 0^m.03 est :

$$C = 1,073,964.$$

Ces deux derniers résultats permettent d'établir une comparaison entre le système de l'appel et le système par l'air comprimé aux pressions extrêmes de 2 atmosphères et de 0^a.13.

La vitesse de l'air comprimé à 2 atmosphères est 330.

Celle de l'air comprimé à 0^a.13 est 137.

Nous aurons donc pour le premier cas :

$$\frac{C}{V} = \frac{E\,u^2}{F} = \frac{1,044,367}{330} = 3,165\,;$$

et pour le second :

$$\frac{C}{V} = \frac{E\,u^2}{F} = \frac{1,073,964}{137} = 7,839.$$

Ainsi, les deux séries d'expériences faites avec les pressions extrêmes, $\mu = 2$ et $\mu = 0.13$, font ressortir un entraînement, à la vitesse de $1^{\text{m}}.00$, et par chaque cheval-vapeur du jet, de $3,165^{\text{mc}}$ pour la pression de 2 atmosphères et de $7,839^{\text{mc}}$ pour la pression de $0^{\text{a}}.13$.

Pour comparer ces résultats à ceux de la ventilation par le feu, il faut remplacer chaque cheval-vapeur de jet par son équivalent en charbon.

Pour cela, j'estimerai d'abord à $2^{\text{k}}.50$ la consommation horaire de charbon, représentative de cheval-vapeur.

J'estimerai ensuite à 0.60 le rendement d'une bonne pompe à air, fonctionnant dans les limites de pression qui lui conviennent.

J'aurai alors, en désignant par n le nombre de kilogrammes de charbon équivalent à chaque cheval-vapeur de jet :

$$\frac{E\,u^2}{n} = \frac{3,165 \times 0.60}{2.50} = 760 \text{ pour } \mu = 2,$$

et

$$\frac{E\,u^2}{n} = \frac{7,839 \times 0.60}{2.50} = 1,881 \text{ pour } \mu \times 0.13.$$

Ces résultats représentent le volume entraîné, à la vitesse de $1^{\text{m}}00$, par kilogramme de charbon brûlé. Ils démontrent :

1° Que l'effet de ventilation comparé au développement de la force du moteur, croît au fur et à mesure que la pression de l'air comprimé diminue, indication déjà donnée par la théorie;

2° Qu'à la pression de 2^{a}, et même à celle de $0^{\text{m}}.13$, le système de l'air comprimé n'atteint pas le résultat du système de l'appel, dans la grande cheminée du Conservatoire, pour des vitesses d'entraînement, qui ne dépassent pas $1^{\text{m}}.00$ par $1''$.

Mais il ne faut pas oublier que, dans le système de l'appel, la consommation de combustible croît proportionnellement au cube de la vitesse, tandis que dans le système de l'air comprimé elle n'augmente que proportionnellement au carré de la vitesse.

Il y a donc une certaine vitesse d'entraînement u_0, pour laquelle les deux systèmes s'équilibrent au point de vue du combustible.

Cette vitesse u_0 est donnée par l'équation :

$$\frac{C}{V \times u_0} = \frac{C'}{u_0^2}. \tag{11}$$

Appliquons-la pour les valeurs $V = 330$ et $V = 137$, et pour la valeur $C' = 2,671$.

On aura les 2 équations :

pour
$$\mu = 2 : \frac{760}{u_0} = \frac{2,671}{u_0{}^2} \; ; \text{ d'où } u_0 = 3^{\mathrm{m}}.51.$$

pour
$$\mu = 0.13 : \frac{1,881}{u_0} = \frac{2,671}{u_0{}^2} \; ; \text{ d'où } u_0 = 1.^{\mathrm{m}}42.$$

Ces deux vitesses d'équilibre sont sensiblement entre elles dans le rapport des nombres 330 et 137, qui expriment la vitesse de l'air comprimé aux pressions $\mu = 2$ et $\mu = 0.13$, conformément aux indications de la théorie.

On peut donc conclure de là, que si l'appareil de compression qui servait à ces expériences eût permis d'expérimenter utilement des jets à une pression inférieure à $0^{\mathrm{n}}.13$, l'équilibre se serait produit entre les deux systèmes, à des vitesses inférieures à $1^{\mathrm{m}}.00$.

J'ajouterai en terminant que la grande hauteur de la cheminée de ventilation du Conservatoire, sa conicité et la présence d'un foyer massif à la base, sont des circonstances qui étaient évidemment défavorables au fonctionnement du nouveau système, et qui ont dû contribuer à en amoindrir les effets.

Cette situation défavorable m'était connue d'avance; mais je n'ai pas hésité un seul instant à l'accepter, ayant la conviction que des expériences faites sur une grande échelle ne pourraient manquer de mettre en lumière des résultats nouveaux et intéressants.

Je profite de l'occasion qui m'est offerte ici pour remercier MM. les Directeurs du Conservatoire de la libérale hospitalité qu'ils ont bien voulu m'accorder.

EXPÉRIENCES SUR UN DES SECTEURS DU PALAIS DU CHAMP DE MARS.

Cet essai préalable est dû à l'initiative éclairée de M. Krantz, ingénieur en chef des ponts et chaussées, directeur des travaux du Palais. M. Krantz avait obtenu de la Commission impériale, pour cet essai, un crédit de 3,000 fr. sur lequel 1,200 fr. seulement ont été dépensés.

Je vous demanderai, Messieurs, de vous indiquer sommairement les résultats de cette expérience préalable faite en octobre dernier, sous la direction de M. Tresca.

Je puis le faire avec d'autant plus de liberté que M. Tresca a rédigé depuis longtemps et remis à la Commission impériale son procès-verbal, dont les conclusions favorables ont amené l'application du système à la ventilation générale du Palais.

Vous connaissez probablement, Messieurs, les dispositions des galeries souterraines d'aérage du Palais, dispositions très-heureusement combinées par M. Krantz en vue d'une ventilation naturelle.

Au pourtour extérieur du Palais règne une grande galerie souterraine divisée par des piliers en trois travées de 3 mètres de largeur chacune.

Une cloison isole complétement les deux travées les plus rapprochées du centre, lesquelles sont affectées comme caves au service des exposants de la classe des aliments. La travée la plus éloignée du centre est réservée comme galerie d'aérage.

Cette galerie communique avec l'air extérieur par 16 puits d'aérage de 3 mètres de diamètre, disposés à peu près symétriquement autour du Palais et à une distance d'environ 20 mètres de la marquise extérieure.

Il y a par conséquent 16 petites galeries souterraines qui réunissent les puits à la grande galerie circulaire d'aérage.

Pour que l'air extérieur, appelé d'abord par les puits dans la galerie d'aérage, puisse pénétrer dans le Palais, M. Krantz a établi 16 galeries rayonnantes correspondantes aux 16 allées rayonnantes du Palais. Il a eu soin toutefois de ne pas placer la galerie souterraine directement au-dessous de l'allée rayonnante, afin que la voûte de cette galerie qui est construite en béton Coignet, et dont l'épaisseur à la clef n'est que de $0^{m}.15$, n'eut point à supporter les charges des transports. L'axe de la galerie rayonnante est toujours situé à droite de celui de l'allée quand on regarde le centre du Palais.

Chacune des 16 galeries souterraines rayonnantes pénètre sous le Palais sur une longueur de 120 mètres, c'est-à-dire jusqu'à l'allée de circulation la plus voisine du centre.

Vous savez, Messieurs, que ces allées de circulation sont au nombre de 3, et qu'elles sont tracées suivant des circonférences.

Au droit de chacune de ces allées, la galerie souterraine rayonnante présente des branchements circulaires situés immédiatement en dessous des allées de circulation.

Ces branchements ne sont pas continus comme les allées; ils forment impasse, de telle sorte que chaque secteur souterrain composé d'une galerie rayonnante et de trois portions de galeries circulaires se trouve complétement isolé de ses deux voisins et peut être ventilé d'une manière indépendante.

L'ensemble de ces dispositions est complété par l'installation de grilles en bois ou *caillebotis*, qui mettent l'air des galeries souterraines circulaires en communication directe avec les allées de circulation.

Telles sont en substance les dispositions exécutées par M. Krantz dans le but d'aérer le Palais par l'action de la ventilation naturelle.

Cet habile ingénieur avait également en vue, dans l'établissement de ce réseau souterrain à grande section, de pouvoir y placer des conduites d'eau et de gaz et de les faire servir au besoin à la desserte du Palais.

Malgré l'habileté incontestable qui a présidé à ces installations souterraines, je ne sais jusqu'à quel point un effet de ventilation naturelle appréciable se serait produit par les caillebotis. Il est probable que les rentrées d'air auraient eu lieu de préférence par les baies de l'édifice.

Mais il est incontestable que ces dispositions se prêtent pafaitement à une application de ventilation par l'air comprimé. Il suffit, en effet, pour cela, d'installer un jet moteur dans chacune des galeries rayonnantes. Ce jet aspirera l'air de la galerie d'aérage et le refoulera dans le Palais par les *caillebotis* des allées de circulation.

L'air vicié ou échauffé qui tend naturellement à s'élever de bas en haut, sortira par les persiennes ménagées dans la toiture des galeries d'exposition.

Cette description rapide du réseau souterrain du Palais était nécessaire pour l'intelligence des expériences faites et de l'application qui se prépare.

Les expériences ont eu lieu sur le secteur n° 3.

Je me suis proposé, dans cet essai, d'expérimenter des jets d'air comprimé à très-basse pression, et au lieu de prendre la pompe à air qui avait servi aux expériences du Conservatoire, j'ai préféré employer comme appareil de compression un ventilateur double du système de M. Perrigault, ingénieur-constructeur à Rennes. Ce ventilateur a été mis très-obligeamment à ma disposition par MM. Farcot père et fils. M. Ernest Gouin en a fait de même pour la locomobile qui avait déjà fourni sa force motrice pour les expériences du Conservatoire.

On a essayé successivement des jets de $0^m.07$, $0^m.10$ et $0^m.122$ de diamètre.

La pression effective de l'air comprimé mesurée par un manomètre à eau placé sur un renflement de la conduite a varié entre les limites de $0^m.23$ et de $0^m.65$ de hauteur d'eau.

Les jets étaient installés au centre de gravité de la galerie rayonnante et tout près de son origine.

Les expériences se divisent en deux séries, suivant que les caillebotis étaient enlevés ou en place.

Huit expériences ont été faites sans caillebotis, et huit avec caillebotis.

La valeur moyenne de la constante C pour les huit premières expériences est de. 3,916,678

Ce qui donne pour le coefficient K, quand les grilles sont enlevées :

$$K = 1.09.$$

La valeur moyenne de la constante C pour les huit dernières expériences est de. 2,552,593

Ce qui donne pour le coefficient de résistance K, quand les grilles sont en place :

$$K = 1.30.$$

Ces deux valeurs de K sont probablement trop faibles.

La cause ne saurait être attribuée à la ventilation naturelle dont l'influence a été reconnue négligeable.

Il faut la rechercher dans les indications du manomètre à eau, installé sur un simple renflement de la conduite d'insufflation du ventilateur double, et qui pour cette raison étaient probablement trop faibles.

En effet, Messieurs, si vous voulez bien vous reporter à la formule (9)

$$u = \frac{A_o}{K} \times \frac{d}{D} \times \sqrt{\mu},$$

vous reconnaîtrez immédiatement que la valeur de la vitesse u étant donnée directement par l'observation, s'il y a erreur en moins sur l'observation de la pression μ, le coefficient K doit être entaché lui-même d'une erreur en moins.

Ce qui nous a confirmé, M. Tresca et moi, dans cette opinion, c'est que le rendement du ventilateur double Perrigault, calculé d'après les pressions μ observées, n'a été trouvé que de 0.40 en moyenne, tandis qu'on est fondé à croire que ce rendement est supérieur.

Quoi qu'il en soit, l'erreur sur le rendement du ventilateur n'a eu aucune influence sur l'observation du volume d'air entraîné à diverses vitesses par force de cheval-vapeur du moteur.

En effet, la locomobile qui a fourni la force motrice avait été essayée au frein au Conservatoire et pour ainsi dire tarée d'avance.

On pouvait donc déterminer directement la force développée dans chaque expérience, par l'observation de la pression absolue de la chaudière et du nombre de tours du volant, l'orifice d'admission de la vapeur dans le cylindre étant ouvert en grand.

Les résultats intéressants à citer ici sont ceux relatifs aux huit dernières expériences, parce que les conditions dans lesquelles elles ont été faites se rapprochent autant que possible de celles de l'application.

Je résume ces expériences dans le petit tableau ci-après :

Nᵒˢ des expériences.	Diamètre des jets moteurs.	Vitesse d'entraine- ment. u	Force en chevaux développée par le moteur. F'	Volume entraîné à la vitesse u par cheval-vapeur du moteur. $\dfrac{Eu}{F'}$	Volume entraîné à la vitesse d'un mètre par cheval-vapeur du moteur. $\dfrac{Eu^2}{F'}$	Volume entraîné à la vitesse de 1ᵐ.00 par kil. de charbon. $\dfrac{Eu^2}{n}$
1.	2.	3.	4.	5.	6.	7.
	m.	m.	c.	mètres cubes.	mètres cubes.	mètres cubes.
1	0.07	1.91	7.29	5,665	10,820	4,328
2	0.07	1.28	2.83	9,777	12,515	5,006
3	0.07	1.10	2.04	11,647	12,812	5,125
4	0.07	1.26	2.08	13,085	16,487	6,595
5	0.10	2.47	10.55	5,049	12,471	4,988
6	0.122	2.60	9.17	6,133	15,946	6,378
7	0.122	2.50	8.86	6,090	15,225	6.090
8	0.122	2.54	9.00	6,096	15,484	6,194
Moyennes.........				7,943	13,970	5,588

Les chiffres des cinq premières colonnes sont extraits du rapport de M. Tresca. Ceux des deux dernières colonnes s'en déduisent.

Vous voyez, Messieurs, que la moyenne de l'entraînement par cheval-vapeur du moteur, à la vitesse de 1 mètre, est de 13,970 mètres, et que cette moyenne par kilogramme de charbon est de 5,588.

Ce résultat remarquable tient à l'emploi de jets d'air comprimé à très-basse pression.

M. Tresca, voulant se rendre compte de la répartition de l'air dans chacune des trois galeries souterraines circulaires, a fait mesurer avec un anémomètre à main la vitesse à l'entrée de ces trois galeries. Il a reconnu ainsi, comme il le fait remarquer dans son procès-verbal, que cette répartition était sensiblement proportionnelle au nombre des caillebotis. Chacun de ces orifices d'admission débite donc à peu près le même volume d'air.

Cela tient à ce que la somme des sections libres des caillebotis d'un secteur est sensiblement égale à la section de la galerie rayonnante dans laquelle s'opère le refoulement.

Tels sont en substance les résultats des expériences préalables faites sur le secteur nᵒ 3.

Leur importance ayant frappé M. le commissaire général, j'ai été invité par ce haut fonctionnaire à étudier de suite un projet pour l'application du nouveau système au Palais, en collaboration avec M. Cheysson, ingénieur des ponts et chaussées, chef du service du 6ᵉ groupe.

C'est ce projet qui a été approuvé par la Commission impériale, qui est aujourd'hui en voie d'exécution, et dont je vais maintenant avoir l'honneur de vous entretenir.

APPLICATION AU PALAIS DU CHAMP DE MARS.

L'application dont il s'agit emploiera une force totale de 105 chevaux répartie en quatre centres de force motrice autour du Palais. Cette force sera nécessaire pour produire dans la galerie rayonnante une vitesse d'entraînement de 2 mètres par seconde[1].

La vitesse de 2^m par $1''$ correspond à un refoulement d'air total de 700,000 mètres cubes environ par heure.

En effet, si vous voulez bien vous reporter à la moyenne d'entraînement par force de cheval à la vitesse d'un mètre, que les expériences ont fait ressortir au chiffre de 13,970 mètres cubes, il est évident que pour la vitesse de 2 mètres, cet entraînement moyen sera réduit à la moitié de ce chiffre, soit à 6,985 mètres cubes.

Pour tenir compte de l'augmentation de résistance qu'on rencontrera probablement dans l'application, je réduis ce dernier chiffre à 6,700 mètres cubes.

Je trouve ainsi :

$$6,700^{mc} \times 105 = 703,500^{mc}.$$

La force motrice étant proportionnelle au carré de la vitesse d'entraînement, il suffirait de 25 à 26 chevaux pour produire la vitesse de 1 mètre dans les galeries rayonnantes, et pour obtenir un refoulement d'air de 350,000 mètres cubes par heure.

Cette dernière combinaison donnerait au moins 10 mètres cubes d'air par visiteur et par heure, et assurerait convenablement l'expulsion de la proportion d'air vicié.

Mais ce n'est pas là le seul but qu'on doit se proposer dans la ventilation d'un édifice, qui en raison de sa forme et de son mode de construction, sera particulièrement exposé à la réverbération des rayons solaires. La chaleur absorbée par la toiture tendra à échauffer la masse d'air intérieure, en se propageant de haut en bas.

C'est pour combattre, autant que possible, cette cause d'élévation de la température intérieure que le projet de ventilation a été basé sur une vitesse d'entraînement de 2 mètres dans les galeries rayonnantes, et par conséquent sur l'emploi d'une force motrice d'au moins 100 chevaux-vapeur.

Le premier centre de force motrice que l'on rencontre en partant du

---

1. Au moment où le projet de ventilation a été mis sur le tapis, il n'était pas très-facile d'improviser une force motrice de 105 chevaux, répartie aussi également que possible autour du Palais.

Mais M. Cheysson, qui a la force motrice du Palais dans ses attributions, a résolu ce problème très-habilement et très-heureusement pont d'Iéna et en tournant à gauche, se compose d'une locomobile de 15 chevaux actionnant deux ventilateurs doubles semblables à celui qui a servi aux expériences préalables.

Cette installation se fait dans le parc, à côté de la chaudière de MM. Chevalier et Duvergier, de Lyon.

Les ventilateurs sont fournis par M. Perrigault lui-même; et l'installation est faite par MM. Farcot père et fils, propriétaires-constructeurs de la locomobile.

Ce premier centre alimentera deux jets d'air comprimé et ventilera les secteurs n°ˢ 3 et 4 du Palais.

Le deuxième centre de force motrice est situé dans l'intérieur du bâtiment annexe de la chaudière belge. Il consiste dans un exhausteur à gaz à 3 cylindres de $0^m.80$ de diamètre et de $0^m.70$ de course, actionnés par un cylindre unique à vapeur. Cet appareil de compression est installé par M. Gargan, constructeur de machines à Paris. Il est du même modèle que ceux qui fonctionnent à l'usine à gaz de la Villette, à la grande satisfaction de la Compagnie parisienne, et qui sont dus à ce constructeur.

La force motrice, estimée à 25 chevaux, sera prise directement sur la chaudière belge.

Ce deuxième centre alimentera 4 jets et ventilera les secteurs n°ˢ 5, 6, 7 et 8 du Palais.

Le troisième centre est situé dans l'intérieur même de la grande galerie des machines, section des États de l'Allemagne du Sud. L'appareil de compression se compose de 2 grands ventilateurs doubles Perrigault, qui empruntent une force motrice de 25 chevaux sur l'arbre de couche du Palais.

Les choses sont disposées de façon à ce que l'air aspiré et comprimé par les ventilateurs sera emprunté à la galerie d'aérage et non point à l'atmosphère de la galerie des machines.

C'est encore MM. Farcot père et fils qui sont chargés de cette installation. Toutefois, les ventilateurs sont construits par M. Perrigault lui-même.

Le troisième centre alimentera 4 jets moteurs et est destiné à la ventilation des secteurs n°ˢ 9, 10, 11 et 12.

Enfin le quatrième centre, dont la force est de 40 chevaux-vapeur, s'installe sur un terrain situé dans le Parc, vis-à-vis de la section anglaise.

MM. Gauthier et Philippon, constructeurs à Paris, sont chargés de cette installation qui se composera d'une machine demi-fixe, du système de M. Philippon, et de deux cylindres à air ou machines soufflantes dont le diamètre est de $1^m.20$ et la course de $0^m.80$.

Ce quatrième et dernier centre alimentera 6 jets moteurs et ventilera les secteurs n°ˢ 13, 14, 15, 16, 1 et 2.

Telles sont les dispositions prises pour la production de l'air comprimé.

Le volume qui sera ainsi comprimé par heure par ces quatre centres de force motrice développant toute leur puissance, sera de 30 à 35,000 mètres cubes, sous des pressions effectives variant entre $0^m.30$ et $0^m.80$ de hauteur d'eau.

Pour conduire l'air comprimé aux orifices des 16 jets moteurs, on doit poser des conduites en tôle bitumée du système Chameroy.

Ces conduites forment 4 réseaux distincts correspondants aux 4 centres de force motrice.

La conduite maîtresse de chaque réseau a naturellement son point de départ au récipient de chaque centre et est dirigée d'abord sur le puits d'aérage le plus voisin. Elle s'engage ensuite dans la galerie d'aérage où elle se bifurque au besoin, pour aboutir aux jets moteurs.

Le diamètre de ces conduites varie entre $0^m.60$ et $0^m.30$.

Vous comprenez, Messieurs, qu'en raison de la faible pression de l'air comprimé, il était nécessaire de le faire circuler à petite vitesse dans de grands diamètres pour diminuer autant que possible les pertes de charges.

Ces diamètres ont été calculés de façon à ce que la moyenne de la perte de charge sur le jet moteur ne dépasse pas 2 à 3 centimètres d'eau.

Pour pouvoir modifier à volonté la section de l'orifice de sortie de l'air comprimé, et par suite la vitesse d'entraînement dans les galeries rayonnantes, au lieu de se servir d'ajutages mobiles, comme dans les expériences du Conservatoire et du Champ de Mars, on installera un appareil injecteur à disque démasquant 4 secteurs disposés symétriquement par rapport à l'axe de l'appareil.

Cet appareil injecteur, qui est construit par la maison Gouin et qui a été spécialement étudié par M. Fouquet, ingénieur attaché à cette maison, porte un cadran sur lequel une aiguille indique la section démasquée dont le maximum peut aller jusqu'à 130 centimètres carrés.

Tels sont les différents appareils qui concourent à la ventilation générale du Palais.

Je vous ai déjà fait remarquer, Messieurs, que l'aspiration devait se faire par 16 puits d'aérage de 3 mètres de diamètre, disposés à peu près symétriquement autour du Palais sur la bissectrice de l'angle formé par deux galeries rayonnantes contiguës.

Il résulte de cette disposition que l'air fourni par un puits se partagera en deux parties sensiblement égales entre les deux galeries rayonnantes situées à droite et à gauche.

La galerie d'aérage a sensiblement la même section que la galerie rayonnante, soit 6 mètres carrés. La vitesse de l'air n'y sera donc que moitié de celle de la galerie rayonnante, soit environ 1 mètre par $1''$.

Mais pour que l'aspiration puisse se faire dans des conditions normales, il est nécessaire que la section de la voûte du puits qui met celui-ci en communication avec la galerie d'aérage, soit au moins de 6 mètres carrés, puisque cette voûte doit débiter à peu près la même quantité d'air que la galerie rayonnante.

Or, en fait, la section de ces voûtes des puits est loin d'atteindre 6 mètres carrés. Elles sont toutes plus ou moins surbaissées et encombrées de façon à ce que leur section se trouve réduite à $4^{mc}.50$ environ.

C'est pour parer à ce grave inconvénient qu'on établit en ce moment un certain nombre de grilles de ventilation sur le promenoir de la marquise extérieure et communiquant directement avec les galeries d'aérage.

Ces rentrées d'air supplémentaire étaient indispensables pour assurer ce qu'on peut appeler le service de l'aspiration de l'air extérieur.

Quant à l'expulsion de l'air intérieur vicié ou échauffé, elle n'est assurée que par l'action de la ventilation naturelle des galeries d'exposition et par la sur-pression produite par le refoulement de l'air nouveau.

Cette évacuation doit se faire, sans résistance sensible, par les ouvertures des persiennes ménagées à cet effet. C'est du reste l'opinion émise par M. Tresca dans son rapport.

Toutefois, il est à craindre que l'interposition de hautes cloisons entre les grilles d'arrivée et les persiennes d'évacuation ne soient une cause de résistance sur laquelle on ne comptait pas.

Il est à craindre, en tout cas, par suite de l'installation de ces hautes cloisons, que l'air nouveau fourni par la ventilation ne se répartisse pas également sur toute la surface du Palais, comme cela était prévu, et qu'on ne remarque des espaces ouverts où la ventilation sera très-active à côté d'espaces fermés où l'air nouveau ne pénétrera pas.

Un dernier mot sur le prix de revient de la ventilation du Palais.

Le volume d'air fourni sera, en comptant par unité de mille mètres cubes :

Par heure.	700 unités.
Par jour à raison de 7 heures 1/2.	5,250 —
Pour toute la durée de l'Exposition évaluée à 150 jours seulement, $5,250 \times 150 =$	787,500 —

Or, la dépense totale relative à l'application du système ne dépassera pas 78,750 fr.

Le prix de revient de 1,000 mètres cubes d'air nouveau envoyé dans le Palais sera donc, tout compris, *d'environ* 0 fr. 10.

Nous avons vu plus haut que ce prix était de 0 fr. 16 pour la ventilation du pavillon des femmes de l'hôpital de Lariboisière.

Me voici, Messieurs, arrivé au terme de la communication que je m'étais proposé de faire à votre honorable Société.

Il me reste à vous remercier pour la bienveillante attention que vous avez bien voulu m'accorder.

Si, à votre prochaine séance, vous voulez bien m'accorder encore quelques instants, je vous présenterai quelques considérations sur l'application du nouveau système à la ventilation des hôpitaux, des théâtres, des navires, ainsi qu'à la soufflerie des forges.

M. Lehaître se propose de vous exposer lui-même le programme général de l'application aux mines.

Mais, indépendamment de ces applications, le nouveau système est susceptible d'être appliqué à la métallurgie, ainsi que vous allez le voir tout à l'heure par l'expérience que prépare M. Wiessnegg.

Voici un appareil simple de petite dimension, dans lequel l'air comprimé va déterminer un courant rapide. Il suffit pour obtenir ce résultat de calculer convenablement le rapport des deux diamètres d et D et la pression μ de l'air moteur.

Embranchons sur la conduite de cet appareil et dans l'intérieur même du cône d'expansion une tubulure inclinée, comme celle que vous voyez ici.

Faisons maintenant communiquer cette tubulure avec un récipient contenant un gaz combustible qui sera soit de l'hydrogène pur, soit de l'hydrogène carboné, soit de l'oxyde de carbone, soit même tout simplement du gaz d'éclairage.

Il est facile de se rendre compte de l'effet qui va se produire.

L'air comprimé moteur, en se détendant dans la conduite, produit une dépression en arrière du cercle qui forme la base du cône d'expansion.

Or, c'est précisément dans cette région que se trouve placée la tubulure du gaz combustible.

Celui-ci sera donc aspiré avec plus ou moins de force, et dans une proportion qu'il est facile de régler au moyen d'un robinet.

L'air comprimé, l'air atmosphérique entraîné et le gaz combustible aspiré vont se mélanger *d'une manière intime* dans leur trajet par l'appareil, condition indispensable pour le succès de l'opération qui se prépare et qui se trouve réalisée de la manière la plus simple par la seule force motrice du jet d'air comprimé.

J'ajouterai de suite que ce jet moteur étant fourni par un récipient qu'il est extrêmement facile d'entretenir à pression constante, ainsi que vous avez pu en juger vous-même par les expériences précédentes, le courant général sortant par l'orifice de l'appareil aura une *stabilité* qu'il serait impossible d'obtenir avec tout autre système de soufflerie.

Il ne reste plus maintenant qu'à mettre le feu à ce courant pour obtenir une flamme dont la puissance calorifique dépasse celle de tous les chalumeaux connus jusqu'à ce jour.

En effet, cet appareil réalise admirablement, et de la manière la plus simple, les deux conditions essentielles des chalumeaux : le *mélange in-*

time des gaz avant leur combustion et la *stabilité absolue* du courant en-
flammé.

Vous savez, Messieurs, que les choses en apparence les plus simples,
sont souvent celles qui exercent le plus le génie inventif de l'homme, et
vous reconnaîtrez certainement que l'addition de cette tubulure, qui
transforme immédiatement notre appareil de ventilation et de soufflerie
en un chalumeau d'une puissance extraordinaire, fait le plus grand honneur à son auteur, M. Wiessnegg, jeune constructeur d'appareils de précision.

M. Wiessnegg va faire fonctionner l'appareil devant vous avec du gaz
d'éclairage. Il se propose de fondre, en quelques minutes, des rivets dans
un creuset, et de les transformer en un culot de fer doux semblable à
celui-ci, qui a été obtenu en ma présence, par le même procédé.

DEUXIÈME PARTIE.

J'ai eu l'honneur d'exposer devant vous, à votre dernière séance, les principales formules de la théorie de la ventilation par l'air comprimé.

Craignant d'abuser de votre attention, je m'étais appliqué à concentrer autant que possible la partie théorique, évitant d'aborder des considérations qui n'étaient pas absolument indispensables, soit pour définir théoriquement le fonctionnement du nouveau système, soit pour établir des bases de comparaison avec les systèmes actuellement en usage.

Une observation de votre honorable président m'a semblé contenir un reproche amical de ma brièveté sur ce point.

Je crois dès lors convenable de compléter mon premier exposé par deux considérations qui se déduisent de la théorie et qui, présentant certain caractère pratique, auront probablement quelque intérêt pour vous.

Je veux parler d'abord de la proportion d'air atmosphérique entraîné par le jet comprimé moteur, proportion qui va prendre des valeurs différentes suivant que l'on comparera les volumes ou les poids.

Les éléments de cette double comparaison sont implicitement contenus dans la formule fondamentale :

$$m\mathrm{V} = \mathrm{M\,U}. \qquad (1)$$

Vous savez, messieurs, que cette formule est relative à l'*appareil simple*.

S'il s'agit d'un appareil quelconque dont le coefficient de résistance est K,

on aura :

$$u = \frac{\mathrm{U}}{\mathrm{K}} \text{ et } \mathrm{U} = \mathrm{K} \times u;$$

d'un autre côté on peut écrire :

$$\mathrm{M} = \frac{\delta \times \omega}{g}\, \mathrm{U} = \mathrm{K} \times \frac{\delta \times \omega}{g} \times u.$$

Donc

$$\mathrm{M\,U} = \mathrm{K}^2 \times \frac{\delta \times \omega}{g} \times u^2 = \mathrm{K}^2 \mathrm{M}' u$$

en désignant par M′ la masse $\dfrac{\delta \times \omega}{g} u$ qui est refoulée par $1''$ dans l'appareil quelconque que l'on considère.

J'écrirai donc d'une manière générale :

$$mV = K^2 M'u. \tag{2}$$

La masse M' est la masse totale refoulée par $1''$, elle comprend donc la masse m de l'air comprimé moteur.

Pour établir la proportion des masses, c'est-à-dire des poids, il suffit d'écrire :

$$\frac{M'}{m} = \frac{V}{K^2 u}; \tag{3}$$

et
$$\frac{M' - m}{m} = \frac{V}{K^2 u} - 1. \tag{4}$$

L'équation (3) donne le nombre de kilogrammes d'air refoulé à la vitesse u, par kilogramme d'air comprimé.

L'équation (4) donne le poids de l'air aspiré dans les mêmes conditions.

Si l'on opère dans l'appareil simple, à la vitesse d'entraînement de 1 mètre, la formule (3) se réduit à :

$$\frac{M'}{m} = V. \tag{5}$$

Dans ces conditions la proportion des poids est égale à la vitesse de l'air comprimé.

Or vous savez, Messieurs, que la vitesse de l'air comprimé a une limite supérieure, qui n'est autre que celle du coefficient $Ao = 404^m.4$.

En effet, cette vitesse est donnée par la formule :

$$V = \sqrt{\frac{2gp}{\rho}}. \tag{6}$$

p étant la pression effective et ρ le poids du mètre cube de l'air comprimé.

Remplaçons p par $\pi \times \mu$ et ρ par $(\mu + 1)\delta$, conformément à la loi de Mariotte, nous aurons alors :

$$V = \sqrt{\frac{2g\pi}{\delta} \times \frac{\mu}{\mu + 1}}, = Ao \sqrt{\frac{\mu}{\mu + 1}}. \tag{7}$$

Si dans cette dernière équation (7), nous faisons $\mu = \infty$, nous aurons pour la limite supérieure de la vitesse V :

$$Vo = Ao = 404^m.4. \tag{8}$$

C'est la vitesse de l'air comprimé à une pression quelconque s'échappant dans le vide.

Ainsi, 1 kilogramme d'air comprimé à une pression quelconque, ne peut entraîner plus de 404^k d'air atmosphérique, à la vitesse de 1 mètre par 1″.

Si, maintenant, nous considérons la proposition des volumes entraînés, nous devrons poser, en désignant ces volumes par Q et par q :

$$\frac{Q}{q} = (\mu + 1)\,\frac{M'}{m}; \qquad (9)$$

Ce qui donnera :

1° pour le refoulement :

$$\frac{Q}{q} = \frac{\mu + 1}{K^2} \times \frac{V}{u}; \qquad (10)$$

2° pour l'aspiration :

$$\frac{Q - q}{q} = \frac{\mu + 1}{K^2} \times \frac{V}{u} - 1. \qquad (11)$$

On voit ainsi que la proportion des volumes de l'air atmosphérique entraîné, et de l'air comprimé moteur, mesuré sous pression, va toujours en augmentant avec la pression.

Dans l'expérience faite devant vous, à la dernière séance, avec l'ajutage de $0^m.0003$ et la pression $\mu = 1$, nous avions $K^2 = 1$, et la vitesse d'entraînement u était environ $0^m.60$.

La proportion des volumes était donc :

$$\frac{Q}{q} = \frac{2 \times 286}{0.60} = 953;$$

c'est-à-dire qu'un litre d'air comprimé, mesuré sous pression, entraînait, dans les conditions de l'expérience, 953 litres d'air atmosphérique.

Au moyen de ces nouvelles formules et de celle donnée dans la dernière séance, on pourra calculer d'avance le volume d'air entraîné à la vitesse u, dans un appareil de ventilation quelconque :

1° Par force de cheval de jet comprimé;

2° Par force de cheval du moteur, et par kil. de charbon consommé;

3° Par kil. d'air comprimé;

4° Par mètre cube d'air comprimé, mesuré sous pression.

Toutes les circonstances du phénomène de l'entraînement de l'air par l'air, se trouvent ainsi déterminées par le calcul.

Je vais aborder maintenant la seconde considération qui est relative au refroidissement de l'air entraîné.

Que se passe-t-il, au point de vue de la température, dans un jet d'air comprimé qui sort d'un récipient, que je supposerai entretenu à une pression constante et à la température de l'air ambiant?

Vous savez parfaitement, Messieurs, que ce jet d'air comprimé sortant librement dans l'atmosphère, subira un refroidissement *considérable*, et d'autant plus grand que sa pression sera plus élevée.

Avec les moyens très-limités dont nous disposons, MM. Lehaître, Jullienne et moi, nous sommes parvenus à obtenir un abaissement de 42° centigrades, avec un jet d'air comprimé entre 4 et 5 atmosphères effectives.

Sur un récipient contenant environ 50 litres d'air comprimé à ladite pression, était adapté un robinet de $0^m.025$ de diamètre.

Un thermomètre très-sensible était maintenu à la main dans la partie cylindrique du robinet comprise entre la clef et l'orifice de sortie.

L'air du récipient était à la température ambiante; on ouvrait rapidement le robinet. L'air comprimé se lançait dans l'atmosphère en faisant osciller violemment la boule du thermomètre, qui cependant ne venait pas se briser sur la paroi du robinet, parce que le jet comprimé sert ici de coussin.

On voyait immédiatement le thermomètre descendre rapidement. Un intervalle de 6″ suffit pour l'écoulement total de l'air contenu dans le récipient, sous l'influence seule de la détente, et pour faire descendre le thermomètre de 42°.

Nous avons répété plusieurs fois cette expérience; et nous avons vu le thermomètre passer en 6″ de $+ 22°$ à $- 20°$.

La boule se couvrait de glace et de petits glaçons, ou plutôt de petits *grêlons* étaient projetés avec force.

M. Tresca, qui dispose au Conservatoire de moyens beaucoup plus puissants, m'a dit avoir obtenu des abaissements de température beaucoup plus considérables.

Ainsi voilà un fait bien constaté par l'expérience : c'est le froid produit par la détente d'un jet d'air comprimé qui s'élance dans l'atmosphère.

Si donc nous employons, pour produire un entraînement d'air atmosphérique dans une conduite, un jet d'air comprimé sortant d'un réservoir entretenu à pression et à température constantes, il est évident, *à priori*, que le froid de la détente du jet moteur se répartira dans toute la masse entraînée, et que le volume d'air ainsi refoulé sera plus ou moins rafraîchi.

Il est certainement intéressant de pouvoir constater d'avance la valeur de cet effet réfrigérant.

La théorie de l'entraînement que j'ai eu l'honneur de vous exposer, combinée avec la nouvelle théorie mécanique de la chaleur, permet d'aborder ce problème ; et je vais vous en soumettre une solution.

Pour simplifier la question, je vais considérer ce qui doit se passer dans l'appareil simple.

La force vive du jet moteur est :

$$\frac{m\,V^2}{2} ;$$

Celle du courant de ventilation est :

$$\frac{M U^2}{2}.$$

Or, en vertu de la relation fondamentale :

$$m V = M U,$$

nous avons :

$$\frac{M U^2}{2} = \frac{m V}{2} \times U = \frac{m V^2}{2} \times \frac{U}{V}.$$

Donc :

$$\frac{M V^2}{2} - \frac{M U^2}{2} = \frac{m V}{2} (V - U). \tag{12}$$

Ce qui indique qu'il y a nécessairement une perte de force vive plus ou moins grande due au phénomène de l'entraînement de l'air par l'air.

D'après la théorie mécanique de la chaleur, toute force vive perdue doit être représentée par un nombre équivalent de calories communiquées aux corps en mouvement.

Posons donc l'équation :

$$\frac{m V^2}{2} - \frac{M U^2}{2} = C \times E. \tag{13}$$

C étant le nombre de calories correspondant à la force vive perdue par le fait de l'entraînement, et E l'équivalent mécanique de la chaleur.

Les équations (12) et (13) donnent :

$$E \times C = \frac{m V}{2} (V - U). \tag{14}$$

Nous savons qu'immédiatement à sa sortie de l'orifice, le jet comprimé éprouve, par le fait de la détente, un abaissement de température.

Soit t la température de l'air comprimé dans le récipient, laquelle est, par hypothèse, égale à celle de l'air ambiant.

Soit $t_1 < t$ la température du courant rafraîchi par la détente de l'air comprimé moteur.

Soit t' la température à laquelle l'air comprimé descendra par l'effet de la détente.

Cet air se réchauffera ensuite, dans la période d'entraînement, en remontant de t' à t_1, tandis que l'air atmosphérique entraîné se refroidira en descendant de t à t_1.

Soient enfin :

$$t_1 - t' = \theta ; \text{ et } t - t_1 = \tau.$$

Je puis calculer maintenant le nombre de calories C que l'air comprimé empruntera à l'air entraîné, pour passer de la température t' à la température t_1 du mélange.

J'aurai d'abord :

$$C = \frac{\pi d^2}{4} \times V \times \theta \times (\mu + 1) \, \partial \times \gamma. \tag{15}$$

J'aurai également :

$$C = \frac{\pi D^2}{4} \times U \times \tau \times \delta \times \gamma. \qquad (16)$$

L'équation (15) donne le nombre de calories gagnées par l'air comprimé pour se réchauffer de θ degrés.

L'équation (16) donne le nombre de calories perdues par l'air entraîné pour se refroidir de τ degrés.

Ces deux quantités seront égales, si l'on néglige les pertes par radiation, ce qui donne d'abord :

$$\frac{\theta}{\tau} = \frac{D^2}{d^2} \times \frac{U}{(\mu+1)V} = \frac{V}{U}. \qquad (17)$$

Ainsi je constate d'abord que les différences de température θ et τ sont entre elles dans le même rapport que les vitesses V et U.

Maintenant, la combinaison des équations (14) et (15), donne :

$$\frac{m V}{2}(V-U)' = E \times \frac{\pi d^2}{4} \times V \times \theta \times (\mu+1) \times \delta \times \gamma.$$

On en tire, toute réduction faite :

$$\theta = \frac{V(V-U)}{2 \times E \times g \times \gamma}. \qquad (18)$$

et par suite :

$$\tau = \frac{U(V-U)}{2 \times E \times g \times \gamma}. \qquad (19)$$

Si maintenant je fais :

$$E = 430,$$
$$g = 9.81,$$
$$\gamma = 0.237,$$

j'aurai sensiblement :

$$\theta = \frac{V(V-U)}{2.000}. \qquad (20)$$

et

$$\tau = \frac{U(V-U)}{2.000}. \qquad (21)$$

Telles sont les formules qui donnent les différences de température θ et τ, par application de la théorie mécanique de la chaleur combinée avec celle de l'entraînement de l'air par l'air.

Supposons que l'entraînement ait lieu par un jet d'air comprimé, produisant une vitesse d'entraînement très-petite dans une conduite d'un diamètre très-grand, nous pourrons négliger la valeur de U et écrire :

$$\theta = \frac{V^2}{2.000};$$

et en faisant $V = V_0 = 404^m.4$, limite de vitesse de l'air comprimé, nous aurons :

$$\theta_0 = \frac{(404.4)^2}{2.000} = 81°77.$$

Cette valeur de $\theta_0 = 81°77$ représente le *maximum d'abaissement de température produit par la détente, à l'air libre, d'un jet d'air comprimé à haute pression.*

Il était évident *à priori*, que la vitessee de l'air comprimé ayant une limite, le froid produit par la détente d'un jet comprimé, sortant à l'air libre devait également en avoir une.

Cette limite supérieure serait d'environ 80°, d'après la théorie que je viens de vous exposer.

Quant à l'abaissement de température τ, qui dans certaines applications de ventilation par l'air comprimé, peut jouer un rôle important, sa valeur croît proportionnellement et à la vitesse d'entraînement U, et à la différence $V - U$.

D'Alembert est le premier qui ait proclamé ce grand principe : *qu'il n'y avait pas de force perdue en mécanique.*

Les géomètres ont pensé d'abord que le principe n'était pas exempt d'exceptions, par exemple dans le cas du choc qui donne lieu à une perte de force vive.

Mais la théorie mécanique de la chaleur nous démontre aujourd'hui victorieusement que cette perte de force n'est qu'apparente, attendu qu'elle est compensée par une production de chaleur équivalente, et que la chaleur est elle-même une force.

Dans l'entraînement de l'air par l'air, il y a choc des molécules d'air entre elles, et par suite perte de force vive.

Mais cette perte de force se trouve compensée par une production de chaleur qui a pour effet de réchauffer le jet comprimé moteur; et comme la chaleur nécessaire pour produire cet effet est empruntée à l'air entraîné, la perte de force vive se trouve finalement compensée par le rafraîchissement de la masse d'air mis en mouvement.

C'est une compensation qui n'est pas à dédaigner dans un grand nombre d'applications à la ventilation.

Je crois devoir limiter ici les considérations théoriques, et je vais maintenant aborder la question des applications du nouveau système.

1° APPLICATION A LA MÉTALLURGIE.

Messieurs, dans votre dernière séance, vous avez été témoins d'un résultat métallurgique obtenu avec un chalumeau à l'air comprimé qui n'est autre que notre appareil ordinaire de ventilation transformé au moyen d'une addition due à M. Wiessnegg. Ce jeune et habile constructeur a obtenu la fusion du fer doux en votre présence.

Il obtient aussi facilement la fusion du platine.

Vous savez que les chalumeaux à gaz d'éclairage ont fait dans ces derniers temps de très-grands progrès. M. Schlœsing, ingénieur des manufactures de l'État, a réalisé un appareil de cette espèce, avec lequel il obtient aisément la fusion du fer doux, et qui peut remplacer avec avantage les fourneaux employés dans les laboratoires pour les températures les plus élevées. La limite de pouvoir du chalumeau Schlœsing est vers la fusion du platine, soit environ 2000°. (Voici à ce sujet le compte rendu de l'Académie des sciences, en date du 4 décembre 1865.)

Je crois devoir citer ici l'appareil de M. Schlœsing, parce qu'il a une certaine analogie avec celui à l'air comprimé.

Les deux appareils diffèrent toutefois essentiellement par le mode de soufflerie, celui de M. Schlœsing marchant avec un soufflet ordinaire qui nécessite l'emploi d'un gazomètre entretenu à une pression constante.

Pour faire produire aux chalumeaux à gaz leur maximum de puissance, pour pouvoir augmenter notablement leurs dimensions actuelles, en un mot, pour pouvoir sortir du domaine du laboratoire et aborder celui de l'industrie, il est indispensable d'avoir une soufflerie débitant des volumes d'air considérables avec une régularité pour ainsi dire mathématique.

Or, le chalumeau à l'air comprimé peut seul réaliser pratiquement ces conditions.

Rien ne s'oppose, en effet, à une augmentation de ses dimensions ; et si on l'applique un jour à l'industrie métallurgique, ce n'est pas la puissance de la soufflerie qui fera défaut, ni la facilité avec laquelle on pourra faire marcher à la fois plusieurs appareils concourant au même but.

Dans une application de ce genre, l'oxyde de carbone dont la production est si facile et si économique, viendrait naturellement remplacer le gaz d'éclairage.

Il n'y aurait qu'à se préoccuper de l'emmagasinement de ce gaz combustible, sa marche étant assurée d'avance par le jet d'air comprimé moteur.

2° APPLICATION AUX HOPITAUX.

La plus belle application que l'on puisse faire d'un système de ventilation quelconque, c'est assurément à une salle d'hôpital.

C'est ici surtout qu'il est important que les deux termes du problème soient résolus indépendamment l'un de l'autre :

1° Évacuation de l'air vicié ;

2° Refoulement d'air nouveau, aussi pur que possible, par des ouvertures disposées de manière à ne pas incommoder les malades.

La proportion de l'air nouveau introduit doit être sensiblement égale à celle de l'air vicié expulsé, afin qu'il ne se manifeste par les portes et les fenêtres, ni rentrées ni sorties.

Si ce programme était exactement rempli, il est certain que la ventilation de la salle d'hôpital serait parfaite, le volume d'air ainsi renouvelé étant convenablement calculé par lit et par heure.

Je vais me proposer d'abord de rechercher jusqu'à quel point ces conditions se trouvent satisfaites, avec les deux systèmes de ventilation employés jusqu'à ce jour.

Je prendrai, pour exemple, le magnifique hôpital de Lariboisière où la question de ventilation a été traitée peut-être avec plus de soin qu'ailleurs.

Vous savez, Messieurs, que cet hôpital comprend six pavillons construits sur le même modèle. Trois sont affectés aux hommes, et trois aux femmes.

Les pavillons des hommes sont ventilés par insufflation, au moyen d'un ventilateur mécanique dont j'ai déjà eu occasion de parler.

Les pavillons des femmes sont ventilés par le système de l'appel direct de la chaleur.

Je parlerai d'abord des pavillons des hommes.

L'air nouveau est refoulé mécaniquement dans la salle par des poêles disposés sur la ligne centrale.

Ce mode de rentrée est très-bien compris. Il ne saurait incommoder les malades dont les lits sont adossés aux murs longitudinaux.

L'air nouveau pénétrant au centre de la salle à une hauteur d'un mètre environ au-dessus du sol, et à petite vitesse, s'épanche librement à droite et à gauche dans toutes les parties de la salle.

Pour évacuer l'air vicié, on a adopté une disposition qui met les trois salles d'un même pavillon en communication avec une cheminée en zinc de $1^m.24$ de diamètre, établie au-dessus du centre du grenier, et qui domine le faîte du pavillon.

De petites cheminées de $0^m.20$ à $0^m.25$ de côté sont pratiquées dans l'épaisseur des deux murs longitudinaux de chaque pavillon, et présentent dans chacune des trois salles, des orifices situés à diverses hauteurs et que l'on peut démasquer à volonté. Ces petites cheminées, au nombre de 54 par pavillon, débouchent toutes dans deux grandes gaines horizontales établies dans le grenier au-dessus des murs longitudinaux. Ces deux gaines horizontales, qui sont fermées à leurs deux extrémités, communiquent à leur tour avec la base de la cheminée de ventilation.

Cette disposition, qui ouvre ainsi un chemin à l'air vicié des salles est abandonnée à l'action de la ventilation naturelle, aidée de la force expulsive due au refoulement de l'air nouveau par les poêles.

Si chaque salle était hermétiquement fermée de toutes parts, comme un réservoir d'air, il est certain que la totalité de l'air nouveau refoulé mécaniquement, ne pourrait sortir que par la cheminée de ventilation.

Mais en pratique, et on le comprend facilement, les choses sont loin de se passer ainsi.

M. le général Morin, qui s'est beaucoup étendu sur cette importante question dans son ouvrage déjà cité, va nous apprendre comment elles se passent.

Le premier fait intéressant à constater est celui-ci :

Y a-t-il une différence entre le volume d'air extrait des salles par la cheminée de ventilation, et le volume d'air refoulé dans les salles par la ventilation mécanique?

M. Grassi a trouvé une différence en moins de près de 5.000^{mc}. par heure entre ces deux volumes[1]. Il en conclut que cet excédant d'air insufflé a dû passer par les joints des fenêtres et les ouvertures accidentelles des portes.

D'autres observations faites par MM. Trélat, Péligot, Leblanc et Ser ont fait ressortir un accord presque complet entre le volume d'air évacué par la cheminée de ventilation et celui introduit par les poêles.

Mais le volume d'air introduit par les poêles a toujours été trouvé inférieur à celui fourni par la ventilation et mesuré dans le grand tuyau porte-vent.

Si donc, on admet, comme cela paraît probable, qu'une partie de l'air refoulé pénètre dans la salle, en dehors des poêles, et par les joints des gaînes horizontales pratiquées dans l'épaisseur du plancher, les observations citées ci-dessus sont en concordance avec celles de M. Grassi.

La première conséquence à tirer de l'observation des faits serait donc celle-ci :

Le volume d'air refoulé mécaniquement dans la salle est supérieur au volume extrait de cette même salle par la cheminée de ventilation.

Ce résultat se comprend parfaitement.

L'air refoulé dans la salle tend à sortir par les ouvertures qui lui présentent le moins de résistance. Or, l'appareil d'évacuation pris dans son ensemble comporte évidemment une certaine somme de résistances due au parcours plus ou moins long et accidenté que l'air doit effectuer pour arriver à la base de la cheminée de ventilation. L'air ancien tend à sortir de préférence par un joint de fenêtre, ou par l'ouverture accidentelle d'une porte.

La sortie de l'air par la cheminée de ventilation se fait sous l'action simultanée de la ventilation naturelle et de la force expulsive due au refoulement de l'air nouveau.

M. le général Morin constate que cette dernière force ne contribue que pour 15 °/₀ sur l'effet total de l'évacuation de l'air vicié; le reste, soit 85 °/₀ devant être attribué à la ventilation naturelle[2].

---

1. *Études sur la ventilation*, 1ᵉʳ volume, page 383.
2. *Ibid.*, 1ᵉʳ volume, page 423.

Cette évacuation de l'air vicié doit donc varier beaucoup d'intensité, puisqu'elle dépend de deux causes : l'une qu'on peut regarder comme constante et qui est le ventilateur, et l'autre essentiellement variable, qui est l'action de la ventilation naturelle.

Ainsi trouvons-nous, dans l'ouvrage de M. le général Morin, que le volume d'air vicié, évacué par la cheminée de ventilation est moitié moins considérable en été qu'en hiver[1].

Cette irrégularité dans l'évacuation de l'air vicié constitue certainement un grand inconvénient au point de vue hygiénique.

Mais il en existe d'autres plus graves encore. Que se passe-t-il quand on ouvre quelques fenêtres dans l'une des trois salles d'un même pavillon, celles des deux autres salles restant fermées ?

Il est évident, *à priori*, que la majeure partie, sinon la totalité de l'air refoulé par le ventilateur mécanique sortira par les fenêtres ouvertes, et que le courant de ventilation naturelle des petites cheminées d'évacuation sera à peu près interrompu.

Cet effet a été observé en avril 1856, par MM. Trélat et Peligot. Ces observateurs ont même constaté un *retour d'air vicié, dans la salle du premier étage du pavillon n° 4, par suite du renversement du courant dans certains canaux d'évacuation, quand on ouvrait un certain nombre de fenêtres dans cette salle*[2].

L'air vicié qui revenait ainsi dans la salle où se faisaient les expériences et où quelques fenêtres étaient ouvertes, provenait des gaînes du grenier où se mélangent les produits viciés des 3 salles d'un même pavillon. Il provenait donc en définitive des 2 autres salles.

Il est inutile de vous faire remarquer, Messieurs, l'extrême gravité de semblables effets.

M. Grassi ne se la dissimule pas, car il dit à ce propos :

« Si le fait existait réellement, il faudrait renoncer au système, car il « est impossible d'éviter l'ouverture très-fréquente des portes et quel- « quefois des fenêtres[3]. »

Je bornerai ici, Messieurs, mes observations sur la ventilation des 3 pavillons des hommes de l'hôpital de Lariboisière.

Elles suffisent pour établir que cette ventilation est incomplète, par la raison que l'évacuation de l'air vicié n'est pas suffisamment assurée.

Un des termes du problème est seul résolu ; le second ne l'est pas.

Je passe maintenant à la ventilation des 3 pavillons des femmes.

Ici on a procédé d'une manière inverse. On applique la force directe de la chaleur à l'aspiration de l'air vicié des salles, et la rentrée de l'air nouveau est abandonnée à l'action de la ventilation naturelle.

1. *Etudes sur la ventilation*, 1er volume, page 123.

2. *Ibid.*, 1er volume, page 397.

3. *Ibid.*, 1er volume, page 398.

Les dispositions prises pour la sortie de l'air vicié, sont à peu près celles que j'ai décrites pour les pavillons des hommes.

Seulement, la cheminée d'évacuation est plus grande, plus élevée, et construite en briques.

Pour y produire l'appel, on a installé à sa base, considérablement élargie, des récipients d'eau chaude dont le nombre atteint 17.

L'eau chaude est employée ici non-seulement comme source de chaleur pour la ventilation, mais encore comme moyen de chauffage de toutes les salles d'un pavillon.

L'air nouveau rentre par des caniveaux qui prennent jour, soit sur les deux murs longitudinaux du pavillon, soit dans les caves.

Toutes les prises d'air nouveau se réunissent dans un caniveau central sur lequel on a installé quatre poêles par salle. C'est, en définitive, par ces poêles que l'air nouveau pénètre dans la salle.

De nombreuses expériences ont été faites dans le but de constater les résultats de cette ventilation, non-seulement par les personnes dont j'ai eu occasion de citer les noms à propos de la ventilation des pavillons des hommes, mais encore par M. le général Morin lui-même qui, dans son ouvrage, manifeste une prédilection marquée en faveur de ce système.

On a constaté d'abord que le volume d'air nouveau rentrant par les poêles, n'est que la moitié environ du volume évacué par la cheminée de ventilation sous l'influence de l'appel.

Le complément rentre donc par les portes et fenêtres.

M. le général Morin constate bien ce résultat; mais il n'en discute pas les conséquences.

Cependant on comprend *à priori* qu'une rentrée d'air qui se produit par les portes et fenêtres, sur une aussi grande échelle, ne doit pas être sans inconvénient pour les malades. Indépendamment des courants d'air qui peuvent les incommoder, il est évident que l'air qui rentre par les portes de la salle, et qui provient des pièces voisines, des escaliers, etc., n'a pas le degré de pureté convenable, et peut même être déjà vicié.

Sans doute, quand on ouvre les fenêtres, on n'est pas exposé, comme dans les pavillons des hommes, à des retours d'air vicié, provenant des gaînes du grenier. L'aspiration devient au contraire plus énergique, ainsi que les expériences l'ont constaté.

Mais il n'en est pas moins prouvé que si de l'air vicié ne peut revenir dans la salle par les conduits d'aspiration, il peut en arriver par les portes.

Mon intention n'est pas d'aborder ici une discussion comparative des deux systèmes de ventilation appliqués concurremment à l'hôpital Lariboisière. Cette comparaison a été faite par M. le général Morin; elle est tout à l'avantage du système de l'appel.

Je me bornerai à constater que le système de l'appel est tout aussi incomplet que celui de l'insufflation.

Il est évident que chacun des deux systèmes ne résout que la moitié du problème.

L'appel assure la sortie de l'air vicié; mais il n'assure pas la rentrée de l'air nouveau.

L'insufflation assure au contraire la rentrée de l'air nouveau ; mais elle n'assure pas l'évacuation de l'air vicié.

On est donc autorisé à dire quejusqu'à présent le problème de la ventilation des hôpitaux n'a point été résolu d'une manière complète.

C'est précisément cette solution complète de ce problème essentiellement humanitaire, que je vais maintenant avoir l'honneur de vous soumettre, en y appliquaut le système de la ventilation par l'air comprimé.

Je me propose même de traiter en même temps la question du chauffage, de telle sorte que le problème va se trouver posé de la manière suivante :

1° *Extraire d'une salle d'hôpital une proportion donnée d'air vicié par heure;*

2° *Refouler dans le même temps une proportion égale d'air nouveau ;*

3° *L'air nouveau sera pur, et devra être introduit dans la salle par des ouvertures spéciales disposées de manière à ne pas incommoder les malades;*

4° *Pendant la saison d'hiver, l'air nouveau devra être introduit à une température calculée de manière à maintenir dans la salle le nombre de degrés réglementaire et servir ainsi de moyen de chauffage.*

En ce qui concerne d'abord l'évacuation de l'air vicié, je ne vois rien de mieux à proposer, comme installation, que ce qui existe à l'hôpital Lariboisière.

Les conduits d'évacuation pratiqués dans les murs longitudinaux entre les lits des malades, et aspirant l'air vicié à différentes hauteurs, sont fort appréciés par les médecins.

Il est démontré d'ailleurs, par les expériences des pavillons de Lariboisière ventilés par appel , que des retours d'air vicié ne sont pas à craindredans ces conduits, si l'aspiration de la cheminée centrale de ventilation établie au-dessus de chaque pavillon est assurée.

Avec le nouveau système, il suffira, pour assurer l'évacuation de l'air vicié de tout un pavillon, d'installer un jet d'air comprimé à la base et dans l'axe de la cheminée centrale.

Le diamètre de ce jet sera réglé, suivant les besoins, et suivant l'action de la ventilation naturelle au moyen d'un injecteur à cône ou à disque.

Pour que le jet d'air comprimé puisse produire son effet dans la cheminée, il est nécessaire que celle-ci ait en hauteur environ six fois le diamètre. Dans le cas où l'on voudrait réduire cette hauteur, on pourrait installer, au lieu d'un jet unique, plusieurs jets moteurs disposés symétriquement par rapport à l'axe de la cheminée.

Cette dernière disposition était indiquée dans un projet remis, il y a environ un an, à M. le directeur de l'Assistance publique, pour un essai de ventilation par l'air comprimé sur le pavillon des hommes n° 2, de l'hôpital Lariboisière.

Il n'y a point à se préoccuper ici de la question du transport d'une certaine quantité d'air comprimé au sommet de chaque pavillon. On sait d'avance que l'air comprimé se transporte de lui-même, et sans perte de charge sensible, à des distances considérables, dans des conduites dont les diamètres sont convenablement calculés.

La première partie du problème n'offre donc aucune difficulté.

J'aborde maintenant la question de la rentrée de l'air nouveau, et pour fixer les idées, je supposerai qu'il s'agit d'un hôpital divisé en pavillons semblables à ceux de Lariboisière.

Ces pavillons, établis sur caves, présentent un rez-de-chaussée et deux étages. Chaque étage comprend une salle principale de trente-deux lits.

Dans chacune de ces salles sont installés quatre poêles à air sur la ligne centrale.

Je conserve la disposition de ces quatre poêles qui me paraît excellente pour la rentrée de l'air nouveau et sa répartition dans la salle.

Mais aux gaînes de refoulement des pavillons des hommes et aux caniveaux d'aspiration des pavillons des femmes, je propose de substituer une disposition beaucoup plus simple et que je vais esquisser en quelques mots.

Sur les quatre lignes verticales passant par les axes des quatre poêles d'une même salle, j'établis une colonne creuse ou gaîne verticale dont la base inférieure pénètre jusque dans les caves du pavillon, et dont la partie supérieure viendra se terminer à la base du poêle de la salle du 2ᵉ étage.

La section de cette colonne ira en diminuant avec sa hauteur, de façon à ce que la partie inférieure, destinée à l'alimentation de trois poêles, soit précisément le triple de la partie supérieure qui n'aura à conduire que le volume débité par un seul poêle.

J'installe à la base de chacune de ces quatre colonnes un jet d'air comprimé qui refoulera dans les trois salles l'air nouveau pris dans les caves.

Il va sans dire que les caves étant elle-mêmes en communication directe, par des soupiraux verticaux, avec les cours et jardins qui entourent chaque pavillon, l'air nouveau, ainsi introduit, aura tout le degré de pureté désirable.

Cette disposition est à la fois simple et économique. Elle offre une certaine analogie avec celle de la grande cheminée centrale de l'hôpital de Glascow [1].

Reste maintenant la question de chauffage pendant l'hiver.

---

1. *Etudes sur la ventilation*, 1ᵉʳ volume, page 30.

Elle ne me paraît présenter aucune difficulté.

Les colonnes et les poêles qui fourniront en été de l'air frais refoulé par l'air comprimé, peuvent parfaitement fournir en hiver de l'air chaud ou plutôt de l'air tiède refoulé par le même procédé.

Pour obtenir ce résultat, il suffira d'installer dans les caves de chaque pavillon un ou plusieurs calorifères, et d'y ménager des chambres de mélange semblables à celles qui existent au Conservatoire des Arts et Métiers.

Pendant la saison d'hiver, l'air nouveau passera par la chambre de mélange.

Une telle disposition est évidemment facile à réaliser avec une manœuvre simple de portes et de registres.

Telles sont, en substance, les dispositions qu'on pourrait adopter pour la ventilation complète et le chauffage à l'air tiède d'un pavillon d'hôpital.

Permettez-moi maintenant, Messieurs, de vous soumettre un calcul approximatif de la force motrice qui serait nécessaire pour ventiler un hôpital dans ces conditions.

Supposons qu'il s'agisse d'un hôpital de l'importance de celui de Lariboisière, c'est-à-dire comportant 6 pavillons à 3 salles contenant 32 malades chacune. Ce sera en tout environ 600 malades.

Supposons en outre qu'on se propose de donner 100 mètres cubes par lit et par heure, proportion supérieure à celle admise généralement, et surtout à celle réalisée dans la pratique.

Il s'agira donc d'évacuer par heure 60,000 mètres cubes d'air plus ou moins vicié provenant des salles et d'y refouler dans le même temps un volume égal d'air nouveau.

Je ne tiendrai pas compte dans mon calcul de l'influence de la ventilation naturelle.

Je calculerai d'abord le diamètre de la cheminée d'évacuation de chaque pavillon, de manière à ce que l'air vicié en soit expulsé avec une vitesse de $2^m.00$ qui me paraît nécessaire pour que la ventilation ait une certaine stabilité.

Cette cheminée devant évacuer 10,000 mètres cubes par heure à la vitesse de $2^m.00$, son diamètre sera de $1^m.35$, et sa hauteur de $8^m.00$ environ.

Pour calculer maintenant le diamètre de la partie inférieure d'une colonne de refoulement, j'adopterai $1^m.00$ seulement, comme vitesse de rentrée de l'air nouveau par les poêles.

Chaque colonne devant fournir 2,500 mètres d'air nouveau par heure à la vitesse de $1^m.00$, le diamètre de la partie inférieure dans laquelle fonctionnera le jet moteur sera de $0^m.95$, correspondant à une section de $0^{mq}.71$.

La section de la colonne dans la traversée de la salle du rez-de-chaussée sera de $0^{mq}.47$.

Dans la traversée de la salle du 1er étage la section sera réduite à $0^{mq}.24$.

L'ouverture libre de chaque poêle sera également de $0^{mq}.24$.

Quelle sera maintenant la force motrice nécessaire pour mettre l'air en mouvement dans ces appareils ?

Elle dépendra évidemment du degré de pression de l'air moteur.

Or, rien ne s'oppose à ce qu'on emploie dans l'application dont il s'agit de l'air comprimé à basse pression, comme au palais de l'Exposition universelle de 1867.

L'exagération des diamètres des conduites d'air comprimé pourrait seule faire obstacle à ce projet ; mais nous verrons plus loin que cette exagération n'est pas à craindre.

Je supposerai donc que l'air moteur sera à la pression moyenne de $0^{m}.40$ de hauteur d'eau.

Les résistances que l'air vicié éprouvera dans son passage par les conduites et gaînes d'évacuation, ne seront guère plus grandes que celles qu'on a constatées dans les galeries souterraines du Champ de Mars, surtout si on augmente un peu la section des petits conduits pratiqués dans l'épaisseur des murs longitudinaux.

Quant à celles que l'air nouveau éprouvera dans son passage par les colonnes de refoulement, elles seront évidemment moindres.

On peut donc admettre que, dans l'application projetée, les résistances seraient comparables à celles admises pour l'application au palais du Champs de Mars.

Le calcul de la force motrice peut donc être établi sur les mêmes bases.

Or, dans l'application du Champ de Mars, on a calculé sur une moyenne d'entraînement de 6,700 mètres cubes à la vitesse de $2^{m}.00$.

En partant de cette base, on trouvera que le nombre de chevaux nécessaire pour l'extraction de $60,000^{mc}$ d'air vicié par heure, sera de :

$$\frac{60,000}{6,700} = \ldots\ldots \qquad 8^{c}.95$$

Toutefois, pour tenir compte du volume de l'air comprimé qui n'est pas compris dans la masse aspirée, et qui entre dans la masse refoulée pour $\frac{1}{20}$ environ, il convient de porter l'évaluation de cette première partie de la force motrice à...... $\qquad 9^{c}.40$

Quant à la force motrice nécessaire pour produire le refoulement, à la vitesse de 1^{m}, de $60,000^{mc}$ d'air nouveau, y compris le volume de l'air comprimé moteur, on doit la calculer sur le pied de $2 \times 6,700 = 13,400^{mc}$ par force de cheval.

Elle sera donc :

$$\frac{60,000}{13,400} = \ldots\ldots \qquad 4^{c}.50$$

La force motrice totale pour la ventilation complète d'un hôpital de 600 lits, à raison de 100^{mc} par heure et par lit, serait donc :

$$9^c.40 + 4^c.50 = \ldots\ldots \qquad\qquad 13^c.90$$

Nombre rond : ......   14^c.00

C'est celle d'une locomobile ordinaire.

Quant au volume d'air comprimé, il sera au maximum :

1° $\dfrac{60,000}{20} = 3,000^{mc}$ pour l'aspiration ;

2° $\dfrac{60,000}{40} = 1,500^{mc}$ pour le refoulement.

En tout : $\overline{4,500^{mc}}$ par heure.

Or, ce volume total devant se partager en deux parties égales pour être dirigé vers les pavillons, supposés disposés comme à Lariboisière, il suffira de donner à chaque conduite de départ un diamètre de 0^m.45 à 0^m.50, pour réduire les pertes de charge à des hauteurs d'eau insignifiantes.

Tel est, Messieurs, le projet d'application à un grand hôpital que je soumets à votre discussion éclairée.

Si vous reconnaissez que je ne me suis pas trompé dans mes appréciations, vous reconnaîtrez également, je l'espère, que les systèmes de ventilation employés jusqu'à ce jour seraient impuissants pour produire un tel effet, soit avec la force motrice de 14 chevaux, soit avec le combustible qui la représente.

Avant de quitter ce sujet si important de la ventilation des hôpitaux, veuillez me permettre de vous soumettre une dernière remarque.

Vous savez, Messieurs, que l'opinion publique s'est préoccupée, à tort ou à raison, dans ces derniers temps, alors que le choléra régnait dans Paris, de l'influence que pouvait exercer sur les environs l'air vicié sortant des cheminées de ventilation.

L'administration de l'Assistance publique a même, à cette époque, employé des moyens pour désinfecter cet air vicié avant son expulsion dans l'atmosphère.

J'aurai l'honneur de faire remarquer à ce sujet, que le système de ventilation par l'air comprimé permet de mettre en œuvre un moyen de désinfection aussi simple qu'efficace.

Il suffit, en effet, d'adapter à la base de la cheminée de ventilation une tubulure analogue à celle du *chalumeau à air comprimé*.

Cette tubulure donnera immédiatement le moyen d'appeler une proportion déterminée d'air saturé d'un principe gazeux désinfectant, tel que le chlore par exemple.

Le mélange intime qui s'opérerait dans le trajet de la cheminée favoriserait singulièrement la désinfection de l'air vicié.

3° APPLICATION AUX THÉATRES.

Que se passe-t-il aujourd'hui, dans nos salles de théâtre, au point de vue du renouvellement de l'air ?

Le premier effet que chacun de nous a pu constater par lui-même, et qui n'est malheureusement que trop connu, c'est la rentrée de l'air nouveau par les portes.

Si de l'air nouveau rentre ainsi dans la salle, avec des vitesses assez grandes pour incommoder les spectateurs, c'est que l'air de la salle est lui-même aspiré vers l'extérieur par d'autres ouvertures et avec une certaine énergie.

On a constaté en effet, que dans les anciennes salles de théâtre, où rien n'a été prévu pour la ventilation, des quantités relativement considérables d'air étaient extraites par la seule action du lustre.

Dans une expérience faite le 25 février 1863, au théâtre de l'Opéra actuel, le volume d'air évacué par heure a atteint le chiffre moyen de 28,800 mètres cubes [1].

Cet air sort par une ouverture dont la section totale est de $4^{mq}.35$ et qui est pratiquée dans le plafond autour de la suspension du lustre.

Le 12 mars 1863, pendant un bal de nuit de la mi-carême, ce volume s'est élevé jusqu'à 33,000 mètres cubes.

En avril 1863, des expériences analogues ont constaté une évacuation d'air de 11,900 mètres cubes par heure au Théâtre-Italien.

Le lustre d'un théâtre est donc un véritable appareil de ventilation par appel, et même un appareil assez puissant.

La rentrée de l'air nouveau est nécessairement proportionnée à la sortie de l'air vicié et échauffé.

Il va sans dire que dans les anciennes salles, la totalité de l'air nouveau rentre nécessairement par les portes, quand le rideau est baissé ; et principalement par la scène, quand le rideau est levé.

Tels sont, en résumé, les effets d'aération qui se produisent dans une ancienne salle de spectacle, c'est-à-dire dans la presque totalité de nos théâtres.

Cette aération est extrêmement gênante pour les spectateurs. Aussi la température atteint-elle souvent des proportions sénégaliennes.

On a cherché à parer à ces graves inconvénients dans la construction des trois nouveaux théâtres, Lyrique, du Châtelet et de la Gaîté.

Vous connaissez sans doute, messieurs, les installations spéciales de ces nouvelles salles. Je vous demanderai cependant la permission de les rappeler ici d'une manière sommaire, avant d'en discuter les effets.

---

1. *Études sur la ventilation*, 2ᵉ volume, page 290.

On a d'abord substitué au lustre un système d'éclairage placé au-dessus de la salle. La lumière passe ainsi à travers un plafond lumineux.

Cette innovation peut être un progrès au point de vue de l'éclairage; mais considérée au point de vue de l'appel de l'air vicié et échauffé, elle doit occasionner un supplément de résistances.

En effet, l'air vicié ne peut plus sortir librement par les rosaces et ouvertures du plafond, comme cela a lieu dans les salles éclairées par des lustres, attendu que le plafond lumineux est complétement fermé.

Cet air est dirigé vers la coupole qui contient l'appareil d'éclairage, par une série de gaînes verticales qui communiquent avec l'atmosphère de la salle, aux divers étages, par des grilles ouvertes dans les plafonds des loges ou des salons qui y sont annexés.

Toutefois la couche inférieure d'air vicié provenant du parterre, de l'orchestre et des baignoires est appelée dans deux cheminées de ventilation spéciales par une première série d'orifices disposés sous les siéges de l'orchestre et du parterre, et une seconde série d'orifices ouverts dans le plancher inférieur des baignoires.

Les deux cheminées dont il s'agit constituent deux appareils supplémentaires de ventilation par appel, qui reçoivent les tuyaux de fumée des calorifères et qui sont munis d'ailleurs de foyers à leur base.

Telles sont les installations exécutées au Théâtre-Lyrique, pour l'évacuation de l'air vicié.

Ce système n'est pas exempt d'une certaine complication qui nécessite des soins particuliers pour en assurer le fonctionnement normal.

Il faut d'abord ne pas négliger d'allumer, en été surtout, les foyers des deux cheminées d'appel supplémentaire qui consomment 300 kilog. de charbon par soirée, précaution qui, paraît-il, est souvent négligée.

Il faut ensuite que tout le système des gaînes de communication entre la salle et la coupole d'éclairage d'une part, et d'autre part entre la salle et la base des deux cheminées de ventilation, soit entretenu en bon état, et que les registres dont sont munis les appareils soient manœuvrés avec intelligence, de manière à répartir aussi également que possible l'évacuation de l'air vicié.

Il faut enfin que la coupole qui renferme l'appareil d'éclairage ne présente d'autres ouvertures que celles des gaînes aspirant l'air vicié de la salle.

Sans cette précaution, on comprend que de l'air autre que celui de la salle serait appelé dans cette coupole. Alors le volume d'air total qui passe par la lanterne qui surmonte le toit de l'édifice, ne représenterait plus le volume réellement évacué de la salle.

Je passe maintenant aux installations relatives à la rentrée de l'air nouveau.

Ce que je vais dire se rapporte au Théâtre-Lyrique.

Pour que les rentrées d'air nouveau ne puissent incommoder les spectateurs, on a pratiqué sur tout le pourtour des balustrades des loges et balcons, à tous les étages et dans la partie inférieure de ces balustrades, des ouvertures par lesquelles l'air nouveau est introduit.

Ces ouvertures communiquent avec une capacité ménagée sous le plancher des loges et balcons qui présente ainsi un double fond. Cette capacité communique, à son tour, avec le soubassement du théâtre. Enfin le soubassement est mis lui-même en communication par une grande galerie avec un puits d'aérage établi dans le square de la tour Saint-Jacques.

Tel est le chemin ouvert à l'air extérieur et qui lui permet de pénétrer dans la salle.

Le principe de cette heureuse disposition qui met les spectateurs parfaitement à l'abri des rentrées de l'air extérieur est dû à Darcet.

Dans l'application qui en a été faite au Théâtre-Lyrique, on a eu soin d'établir deux calorifères dans le soubassement, et pour ainsi dire sur le chemin de l'air nouveau.

Cette installation complétée par des chambres de mélange permet de chauffer la salle par les mêmes canaux et orifices qui servent à sa ventilation.

Telles sont, en résumé, les installations faites au Théâtre-Lyrique, en vue de sa ventilation et de son chauffage.

M. le général Morin, qui en sa qualité de rapporteur d'une commission instituée *ad hoc* par M. le Préfet de la Seine, a pris une grande part à ces installations, va nous apprendre comment fonctionne ce système.

Quelques jours après l'ouverture du théâtre, le 9 décembre 1862, on a constaté une évacuation d'air total par la lanterne de 60,051 mètres cubes et une rentrée d'air par la galerie de la tour Saint-Jacques de. . . . . 30,850 mètres cubes.

C'est un effet de ventilation tout à fait semblable à celui qui se produit à l'hôpital de Lariboisière, pavillons des femmes, en ce sens que le volume d'air nouveau introduit n'est que la moitié environ du volume évacué. Le complément devait donc nécessairement rentrer dans la salle par les portes ou par la scène ; d'où l'on est en droit de conclure que l'un des termes du problème n'est pas résolu.

Mais il est important de remarquer de suite que l'expérience ci-dessus a été faite en hiver, par une température extérieure de $+ 8°$, et alors que les calorifères étaient allumés.

Or, il est évident que l'action de ces calorifères a dû contribuer notablement à l'aspiration de l'air du puits d'aérage.

Ces calorifères, en effet, constituent un second appareil de ventilation par appel intercalé sur le chemin que l'air extérieur parcourt entre le puits d'aérage et la salle.

On peut donc pressentir d'avance que les 30,850 mètres cubes d'air rentrant, constatés le 9 décembre 1862, sont un maximum qui n'est pas atteint en été.

Du reste l'ouvrage tant de fois cité de M. le général Morin va nous renseigner à ce sujet.

L'honorable général a consacré une note spéciale C, aux expériences qui ont été entreprises, en mai 1863, sous sa propre direction, et en vertu d'un arrêté M. le Préfet de la Seine.

Le but de ces expériences était d'avoir une appréciation des effets que l'on peut réellement obtenir des appareils établis, en les faisant fonctionner d'une manière convenable.

M. le général Morin se plaint vivement, dans cette note, de l'état d'abandon dans lequel il a trouvé les appareils, après un fonctionnement de quelques mois seulement.

Il constate d'abord que par suite de négligences qu'il attribue à la direction du théâtre, le volume d'air extrait de la salle était réduit à 23,500^{mc} par heure, au commencement de mai, volume fixé par le cahier des charges à 51,000^{mc}, et qui atteignait le chiffre de 60,000^{mc} le 9 décembre précédent.

Quant à la rentrée de l'air nouveau, par les ouvertures ménagées à cet effet, elle avait pour ainsi dire cessé de fonctionner, et le remplacement de l'air vicié ne se faisait plus que par la scène, par les couloirs et par d'autres ouvertures plus ou moins irrégulières, ce qui donnait lieu à des courants d'air fort gênants.

Après avoir fait remettre les choses en état, M. le général Morin a fait, les 23, 24, 25, 26 et 30 mai, cinq expériences dont il a consigné les résultats dans un tableau, d'où j'extrais les données suivantes :

DATES.	TEMPÉRATURE extérieure.	Volume d'air nouveau venant du square par heure.	Volume d'air vicié évacué par heure.	Consommation de charbon par soirée.	
				Calorifères.	Cheminées d'appel de l'orchestre.
	degrés.	m. cb.	m. cb.	k.	k.
23 mai 1865..	14.25	15,439	53,631	100	75
24 —	13.25	18,433	56,675	»	125
25 —	11.25	17,223	53,157	»	200
26 —	13.25	14,623	53,718	»	300
30 —	21.00	10,587	61,718	»	300
Moyennes.	....	15.261	55.780	»	»

Il résulte de ce tableau que les ouvertures ménagées pour la rentrée de l'air nouveau n'ont pas fourni en moyenne *le tiers* du volume d'air évacué. Plus des deux tiers de ce volume rentraient donc par les portes ou par la scène.

Remarquons en outre, Messieurs, que le 30 mai, la température extérieure s'étant élevée à 21°, soit 7° de plus que le 26 mai, le volume d'air nouveau venant du square n'a atteint qu'un *sixième* environ du volume évacué.

Cette indication donne une idée des effets de la ventilation d'été.

M. le général Morin, en la signalant lui-même, fait remarquer qu'il avait prévu cette diminution de la rentrée de l'air nouveau extérieur, au fur et à mesure de l'élévation de la température de cet air, et que pour rémédier à cet inconvénient, il avait proposé, pour la saison d'été, l'ouverture de prises d'air plus directes.

Quoi qu'il en soit, nous voici suffisamment renseignés sur les effets de ventilation du Théâtre-Lyrique ; et je vais les résumer en quelques mots, ainsi qu'il suit :

1° Pendant la saison d'hiver, le volume d'air nouveau extérieur qui rentre dans la salle, par les ouvertures ménagées à cet effet, est d'environ *moitié* du volume d'air vicié évacué par l'aspiration de l'appareil d'éclairage et des deux cheminées d'appel supplémentaires.

2° Au printemps, cette proportion tombe au-dessous du *tiers*.

3° Dans la saison d'été elle diminue jusqu'au *sixième*.

Il est donc bien établi que le problème de la ventilation n'a point été résolu d'une manière complète dans les installations de nos nouveaux théâtres.

Il ne le sera réellement que le jour où l'on parviendra à égaliser le volume évacué et le volume rentrant par les ouvertures ménagées à cet effet, de façon à annuler complétement les rentrées d'air par les portes, qui sont le principal inconvénient de nos salles de spectacle.

Il me reste maintenant à vous soumettre, Messieurs, une solution complète du problème, solution qui vous frappera par sa simplicité.

Je vais prendre pour exemple le Théâtre-Lyrique, puisque nous sommes maintenant familiarisés avec ses dispositions.

En ce qui concerne l'évacuation de l'air vicié, je ne changerais rien aux installations actuelles qui peuvent fournir une évacuation de 60,000^{mc} d'air par heure.

Je ne ferais intervenir l'entraînement de l'air comprimé que dans le cas où cette évacuation serait reconnue insuffisante.

Je ne changerais rien non plus aux dispositions prises pour la rentrée de l'air nouveau venant du puits d'aérage du square de la tour Saint-Jacques.

L'application du nouveau système se bornerait ici à l'installation d'un jet comprimé moteur dans l'axe de la galerie souterraine existante entre le puits d'aérage et le soubassement du théâtre.

Il est évident que cet air, qui aujourd'hui n'est entraîné que par l'action de la ventilation naturelle, et dans des proportions notoirement insuffisantes, sera ainsi forcé de pénétrer dans la salle, et cela dans une proportion que l'on pourra déterminer d'avance.

On sera donc certain de pouvoir refouler ainsi un volume égal et

même un peu supérieur au volume d'air vicié évacué, *ce qui annulera
complétement les rentrées par les portes.*

Vous me trouverez peut-être, Messieurs, trop affirmatif sur ce dernier
point, qui est ici en définitive le nœud de la question.

Mais permettez-moi de vous citer une expérience que nous avons faite
plusieurs fois, MM. Lehaître, Julienne et moi, dans une petite salle si-
tuée dans le jardin du n° 76 de la rue du Cherche-Midi, expérience qui
peut se répéter à volonté et que nous mettons à votre disposition. Cette
expérience va vous démontrer immédiatement : que lorsqu'on extrait
d'une salle un certain volume d'air et qu'on y refoule artificiellement un
volume sensiblement égal, aucune rentrée d'air ne peut se produire dans
ladite salle, par des orifices autres que ceux par lesquels l'air nouveau
est introduit.

La petite salle dont je parle contient environ 13^{mc} d'air.

Un jet d'air comprimé fonctionnant dans une petite cheminée en zinc
de 0^m.12 de diamètre, y produit l'extraction.

La salle est construite en planches. Tous les joints des portes et fenêtres ont été calfeutrés avec beaucoup de soin.

Quand l'appareil d'extraction fonctionne, les portes et fenêtres étant
parfaitement closes, l'air extérieur rentre par deux ouvertures circulaires de 0^m.12 de diamètre chacune.

A l'une de ces ouvertures, le n° I, on adapte une conduite en fer-blanc
de 0^m.12 de diamètre, et d'une dizaine de mètres de longueur dans l'axe
de laquelle on peut faire fonctionner à volonté un second jet d'air comprimé.

Cette installation élémentaire est une reproduction en petit de celle
qui existe au Théâtre-Lyrique. Le premier jet d'air comprimé remplace
l'appel de l'appareil d'éclairage.

La conduite en fer-blanc représente la prise d'air du square, et son
orifice dans la salle les ouvertures ménagées pour la rentrée de l'air extérieur.

Enfin le deuxième orifice circulaire représente une porte de loge ou-
verte.

Quand le premier jet fonctionne seul, on constate deux rentrées
d'air : 1° par la conduite et l'orifice n° 1; 2° par l'orifice n° 2.

La première est moins considérable que la seconde, en raison des
résistances que l'air éprouve dans son trajet par la conduite.

Quand on fait fonctionner simultanément les deux jets, de manière à
ce que les deux courants sortant et rentrant aient sensiblement la même
vitesse, la rentrée par l'orifice n° 2 est *annulée instantanément, et cela au
point que la lumière d'une bougie n'y subit aucune déviation.*

C'est le résultat très-net de cette expérience, laquelle a frappé toutes
les personnes qui en ont été témoins, qui m'autorise à affirmer ici, que
les choses ne doivent pas se passer autrement dans une grande salle de

théâtre, où l'on sera parvenu à équilibrer l'aspiration et le refoulement.

Si l'aspiration domine le refoulement, on aura toujours plus ou moins l'inconvénient des rentrées d'air par les portes des loges.

Si, au contraire, le refoulement domine l'aspiration, il ne pourra s'établir par ces ouvertures qu'un courant dirigé du dedans au dehors, lequel sera sans inconvénient pour les spectateurs, ainsi que le démontre la sortie de l'air vicié des amphithéâtres du Conservatoire, qui n'incommode nullement les auditeurs.

Dans le problème de la ventilation d'une salle de théâtre, le terme dont l'importance domine est incontestablement la rentrée de l'air nouveau. L'extraction de l'air vicié ne vient qu'en seconde ligne.

Il importe, en effet, avant tout, que la salle soit largement approvisionnée d'air nouveau, frais en été et tiède en hiver.

Il n'est pas absolument nécessaire que la totalité de l'air nouveau introduit dans la salle, par les ouvertures ménagées à cet effet, passe par les gaines d'évacuation.

L'excès de cet air peut être expulsé sans inconvénient, soit par les ouvertures des portes, soit par la scène.

J'ajouterai que le volume d'air refoulé, doit être calculé, non-seulement sur la base d'un renouvellement suffisant au point de vue hygiénique, mais encore en vue de combattre l'élévation de la température qui tend à se produire dans la salle.

Pour résoudre le problème ainsi posé, par application au Théâtre-Lyrique, il suffirait, comme je l'ai déjà dit, d'installer un jet d'air comprimé moteur dans la galerie souterraine qui met en communication le puits d'aérage et le soubassement du théâtre.

Quelle serait la force motrice nécessaire pour entretenir un jet moteur capable de refouler dans la salle 65,000 mètres cubes par heure?

Le calcul est bien facile.

La section de cette galerie est d'environ 9^{m·q}.00, ce qui correspond à un diamètre de 3^m.40.

La vitesse d'entraînement, dans cette galerie, correspondant au volume de 65,000 mètres cubes est, à peu de chose près, de 2^m.00.

Si les résistances dues au refoulement étaient ici les mêmes qu'au palais du Champ de Mars, on pourrait calculer sur un entraînement de 6,700 mètres cubes par force de cheval du moteur, en admettant de l'air comprimé à la pression moyenne de 0^m.40 d'eau.

Mais il est probable que les résistances seraient un peu plus grandes, et, pour cette raison, je réduirai le chiffre précédent à 6,500 mètres cubes.

La force du moteur serait donc d'environ 10 chevaux, pour produire un refoulement d'air de 65,000 mètres cubes, *indépendamment de la ventilation naturelle.*

En tenant compte de cette action qui peut atteindre 30,000 mètres cubes en hiver, et qui descend en été à 10,000 mètres cubes et probablement au-dessous, on peut admettre que la force moyenne à développer par le moteur serait réduite à 8 chevaux environ.

En calculant sur 10 chevaux, on voit que la dépense de charbon par heure ne serait que de 25 kilogrammes, soit de 150 kilogrammes par soirée, en tenant compte de l'allumage.

Ce n'est que la moitié de la consommation des deux cheminées de ventilation supplémentaire du théâtre, qui appellent l'air vicié du parterre, de l'orchestre et des baignoires, dans une proportion qui ne dépasse pas 20,000 mètres cubes par heure[1].

Ce simple rapprochement vous démontre que l'application du nouveau système au Théâtre-Lyrique, choisi comme exemple, serait en tout cas économique.

4° APPLICATION AUX NAVIRES.

Je m'aperçois aujourd'hui, Messieurs, que j'ai agi dans la dernière séance avec une certaine légèreté, en m'engageant à vous soumettre aujourd'hui des considérations relatives à l'application du nouveau système aux navires.

Je vous prierai de m'excuser si je ne remplis pas cette partie du programme.

Je ne possède pas encore une somme de renseignements suffisante pour aborder cette importante question, et pour la traiter devant vous d'une manière convenable.

Si les renseignements nous manquent, la conviction ne nous fait pas défaut.

Nous croyons fermement, mes collaborateurs et moi, que le nouveau système, convenablement appliqué, est susceptible de rendre les plus grands services à bord des bâtiments de la marine militaire et commerciale, et surtout des navires à vapeur.

Ces derniers possèdent une force motrice considérable, sur laquelle un emprunt de 2 pour cent environ, au profit de la ventilation complète du navire, passerait pour ainsi dire inaperçue.

L'air comprimé, transportant lui-même sa propre force, serait amené sur un point quelconque de l'intérieur du bâtiment pour y provoquer le renouvellement de l'air.

L'air nouveau serait pris au-dessus du pont et rentrerait par des manches à vent, sous la pression de l'air comprimé.

L'air vicié, expulsé par la même force, serait dirigé vers la cheminée du navire laquelle jouerait ici le rôle de cheminée générale d'évacuation.

---

1. *Etudes sur la ventilation.* 2e volume, page 355.

Je crois devoir me borner, quant à présent, à ces indications générales, me réservant, si vous voulez bien m'y autoriser, de vous soumettre plus tard une communication spéciale sur cette question.

5° APPLICATION A LA SOUFFLERIE DES FORGES.

Il ne s'agit pas ici, Messieurs, de remplacer les machines soufflantes des hauts-fourneaux. Notre prétention est beaucoup plus modeste. Elle se borne à la soufflerie des forges ordinaires.

Je vais prendre comme exemple les forges d'une usine importante que je supposerai alimentées, comme cela a lieu généralement, par le fonctionnement d'un ventilateur simple à force centrifuge.

Pour pouvoir établir une comparaison, au point de vue de la force motrice, avec cet appareil de soufflerie et celui que je me propose d'y substituer, je supposerai que la moyenne de la pression dans les carneaux porte-vent est de $0^m.10$ de hauteur d'eau, que le nombre des tuyères est de 50, et que le diamètre moyen de ces tuyères est de $0^m.07$.

Je ne tiendrai compte, dans mon calcul comparatif, ni de la perte de charge que l'air comprimé par le ventilateur doit éprouver, dans son trajet par les carneaux, entre la bouche du ventilateur et chaque tuyère, ni des fuites de ces carneaux.

Ceci posé, je vais d'abord calculer la force en chevaux-vapeur de la somme des 50 jets alimentés par le ventilateur à la pression de $0^m.10$ d'eau, qui correspond à une vitesse de sortie de 40 mètre par $1''$.

La force motrice d'un jet d'air comprimé, d'un centimètre de diamètre, à la pression μ correspondante à la vitesse de sortie V, est donnée par la formule :

$$f = 0.0108 \times \mu\, V. \tag{23}$$

Si dans cette formule nous faisons :

$$\mu = 0.01 \; ; \; \text{et} \; V = 40 \; ;$$

nous aurons :

$$f = 0^c.00432.$$

La force totale de 50 jets de $0^m.07$ de diamètre sera donc :

$$F = 0.00432 \times 49 \times 50 = 10^c.58.$$

En admettant maintenant 22 °/₀ pour le rendement du ventilateur, on trouve pour la force motrice développée par le moteur :

$$F' = \frac{10.58}{0.22} = 48^c.10.$$

Ainsi donc, une force motrice de 50 chevaux environ, serait nécessaire pour alimenter, au moyen d'un ou plusieurs ventilateurs mécaniques, une soufflerie de 50 tuyères de $0^m.07$ de diamètre, à la vitesse de $40^m.00$.

Voici maintenant l'installation que nécessiterait l'application de l'air comprimé à cette soufflerie.

1° Le moteur serait employé à comprimer de l'air à la pression moyenne de $0^m.90$ de hauteur d'eau, soit à la pression effective : $\mu = 0^a.09$;

2° Cet air serait d'abord emmagasiné dans un récipient de quelques mètres de capacité, afin de pouvoir régulariser la pression indépendamment du nombre des tuyères fonctionnant à la fois ;

3° L'air comprimé serait conduit du récipient aux tuyères par une canalisation en fonte ou en tuyaux Chameroy, dont les diamètres seraient calculés de manière à réduire autant que possible les pertes de charge ;

4° Des branchements seraient pratiqués au droit de chaque forge et alimenteraient des jets moteurs installés dans l'axe et à la base de chaque tuyère portant pavillon et présentant un diamètre intérieur de $0^m.07$;

5° L'orifice du jet serait obturé et réglé à volonté par un appareil injecteur à cône semblable à celui-ci.

Il résulte de cette installation, que l'ouvrier pourra faire varier à volonté l'énergie du courant de la tuyère, et que ce courant présentera une stabilité pour ainsi dire absolue, si la pression est maintenue constante dans le récipient.

Avec le système actuel, la vitesse maximum du courant de la tuyère est limitée par la pression des carneaux porte-vent, et l'ouvrier ne peut faire varier que le volume de ce courant, et non pas sa vitesse.

La nouvelle soufflerie présenterait donc des avantages pratiques incontestables sur les souffleries actuelles.

Je vais maintenant calculer la force motrice nécessaire pour entretenir les 50 jets moteurs fonctionnant simultanément, à la pression moyenne de $0^m.90$ d'eau, et produisant dans chaque tuyère un courant de $40^m.00$ de vitesse.

La tuyère étant un appareil simple, et la vitesse d'entraînement ne dépassant pas $40^m.00$, je puis appliquer ici, pour le calcul du diamètre du jet, la formule :

$$U = 404.4 \times \frac{d}{D} \times \sqrt{\mu}.$$

Si dans cette formule je fais :

$$U = 40^m.00 ;$$
$$D = 0^m.07 ;$$
$$\text{et } \mu = 0^a.09 ;$$

J'obtiendrai, toutes réductions faites :

$$d = 0^m.023.$$

Ainsi il faudra ouvrir l'injecteur à cône, de manière à ce que l'orifice de sortie de l'air moteur soit équivalent à un cercle de $0^m.023$ de diamètre, pour obtenir dans la tuyère un courant de $40^m.00$ de vitesse par $1''$.

La force motrice en chevaux-vapeur des 50 jets, à la pression de $0^a.09$, correspondante à la vitesse de 116 mètres, sera donnée par l'expression :

$$F = 0.0108 \times 0.09 \times 116 \times 50 \times 5.29 = 29^c.82.$$

Nous pouvons admettre maintenant 60 % pour le rendement d'un jeu de pompes de compression, dans le genre des exhausteurs à gaz.

Ce qui nous donnera, pour la force développée par le moteur :

$$F' = \frac{29^c.82}{0.60} = 49^c.70.$$

Soit en nombre rond, 50 chevaux.

On voit donc que la force motrice serait à peu près la même dans les deux installations de soufflerie que je viens de comparer entre elles.

Mais les avantages pratiques de la soufflerie à air comprimé ressortent d'eux-mêmes. Je crois inutile d'insister davantage sur cette question.

J'ai terminé, Messieurs, et je crains d'avoir abusé de votre temps.

Permettez-moi de vous remercier de nouveau pour votre bienveillante attention.

COMMUNICATION de M. Lehaître sur la Ventilation des mines au moyen de l'air comprimé.

M. de Mondésir, dans la dernière séance de la société, vous a exposé la théorie du système de ventilation par l'air comprimé et du principe d'entraînement des fluides gazeux, il vous a expliqué le moyen qui sera employé pour la ventilation du gigantesque bâtiment destiné à l'Exposition universelle de 1867, et il vient d'exposer celui qu'on pourrait employer avec avantage, pour les salles de spectacles, les hôpitaux, les navires et pour les salles et appartements où la réunion d'un grand nombre de personnes exige un renouvellement de l'air, soit pour rendre à peu près constante la température, soit pour fournir aux spectateurs, malades, etc., un volume d'air ou d'oxygène suffisant pour que la respiration puisse se faire dans de bonnes conditions hygiéniques.

Pour continuer l'exposé général de la ventilation par l'air comprimé, je vais avoir l'honneur de vous parler d'une manière succincte des moyens de ventiler les mines.

Les mines ont surtout besoin d'une ventilation très-active, car en outre de l'air vicié produit par la respiration des ouvriers, il y a encore un grand nombre de causes qui permettent le dégagement de miasmes et de gaz délétères, ce qui rend l'air des mines, non-seulement irrespirable en très-peu de temps, mais encore dangereux, à cause des inflammations qui peuvent résulter de quelques-uns de ces gaz.

Toutes les mines ne sont pas dans les mêmes conditions : les gaz qui se répandent dans les galeries, provenant en grande partie des minerais extraits, sont de différentes natures, mais on peut dire qu'ils sont tous délétères, soit par eux-mêmes, soit par l'altération qu'ils font subir à l'air ambiant en diminuant dans le volume de cet air la quantité d'oxygène nécessaire aux organes respiratoires. Il faudrait donc, pour expliquer complétement le système de la ventilation des mines, examiner toutes les extractions que l'on fait dans les travaux souterrains et indiquer pour chaque cas particulier un moyen spécial de ventilation.

Ce travail entraînerait dans de trop longs développements, mais comme le principe même de la ventilation serait le même, nous pensons qu'il convient de se borner à l'exposition du système pour les mines de charbon et principalement pour celles dites *à grisou*, c'est-à-dire pour celles qui dégagent des gaz combustibles et qui sont sujettes, par suite, à des détonations causant de si grands malheurs aux ouvriers employés dans ces mines et de si grandes pertes aux propriétaires.

DES CAUSES DE L'ALTÉRATION DE L'AIR DANS LES GALERIES DES MINES.

Dans ces mines, les causes qui altèrent très-promptement l'air respirable et qui changent la composition de cet air sont nombreuses, mais les principales sont :

1° La respiration et la transpiration des ouvriers, qui versent dans l'air des galeries de l'acide carbonique, de l'azote et de la vapeur d'eau.

2° La combustion des lampes, dont les ouvriers sont obligés de se servir, ce qui augmente le volume d'acide carbonique, de l'azote et de la vapeur d'eau.

3° La respiration des animaux qui servent au transport des matériaux extraits, nouveau dégagement d'acide carbonique, d'azote et de vapeur d'eau.

4° La décomposition et la fermentation des matières fécales et animales, qui produit des miasmes dangereux et des gaz délétères comme le sulfite-hydrique.

5° La combustion lente de la houille, du bois servant aux blindages, et la décomposition des pyrites, donnent lieu également à un développement d'acide carbonique et produisent un dégagement de gaz combustibles, dont les principaux sont l'hydrogène, l'hydrogène proto-carboné, l'hydrogène bicarboné et l'oxide de carbone.

Quelques mines, mais heureusement en très-petit nombre, dégagent en outre naturellement de l'acide sulfureux et du sulfide-hydrique.

La chaleur naturelle du sol, celle produite par le séjour des hommes et des animaux et aussi la nécessité d'avoir un grand nombre de lampes allumées, augmente la température de l'air des galeries des mines. On conçoit donc, bien facilement, que toutes ces causes réunies doivent rendre l'air des galeries irrespirable en très-peu de temps ; aussi il est nécessaire et indispensable pour une bonne exploitation, de renouveler souvent cet air, afin que les ouvriers puissent se trouver dans des conditions hygiéniques qui leur permettent de travailler, tout en se trouvant dans un milieu sujet à de si grandes variations de composition.

Il est facile de calculer la quantité d'air qu'il faudrait fournir dans les galeries pour renouveler l'air vicié par la respiration des ouvriers, par les lampes et par la respiration des animaux employés dans les mines ; mais il n'en est point de même pour la combustion lente des minerais, des pyrites et des bois, car cette combustion est plus ou moins active suivant que la température de la mine est plus ou moins élevée, qu'il y a dans les galeries une plus ou moins grande quantité de vapeur d'eau, qui facilite la décomposition, et aussi parce que le dégagement des gaz combustibles se produit en plus ou moins grande quantité, suivant la nature de la houille de la mine et même, sur certains points seulement de cette mine, suivant le degré de décomposition du charbon.

On voit, par ce que l'on vient de dire, combien il est difficile de calculer le volume de l'air à envoyer dans les galeries des mines, pour que la ventilation soit complète, pour que l'air de ces galeries soit toujours respirable.

Tous les gaz qui se forment dans les galeries des mines et qui altèrent la composition de l'air, ont des densités très-différentes. Quelques-uns l'acide carbonique, l'acide sulfureux, l'acide sulfhydrique dont les densités par rapport à l'air sont de 1,53, 2,24 et 1,19 restent dans la partie inférieure des galeries, tandis que le gaz hydrogène protocarboné, hydrogène, hydrogène bicarboné et oxyde de carbone, dont les densités sont 0,60, 0,97, 0,07 et 0,96 se placent dans les parties supérieures des galeries.

Tous les gaz de la première catégorie, c'est-à-dire tous ceux qui ont une densité plus grande que celle de l'air et qui ont, par suite, une tendance à rester dans les parties inférieures des galeries, sont tous délétères par eux-mêmes; ils agissent sur l'économie animale comme des poisons, et leur action toxique est très-considérable, si l'air en renferme de 2 à 4 p. 100. Dans un milieu où l'air renferme de 6 à 10 p. 100 d'acide carbonique les lumières s'éteignent et la respiration de l'homme est impossible[1].

Tous les gaz plus lourds que l'air, et qui se déposent par suite dans les parties inférieures des galeries, ne sont point combustibles, à l'exception, toutefois, de l'acide sulfhydrique qui est détonant. Mais heureusement il se trouve toujours en très-petites quantités dans les mines, il est très-délétère par lui-même, son odeur si désagréable le fait facilement reconnaître : on peut facilement, par suite, prendre des précautions spéciales pour éviter ses effets, sur les points où l'on apercevrait son dégagement.

Les gaz plus légers que l'air sont tous combustibles, et par suite plus ou moins détonants, c'est-à-dire qu'ils ont la propriété de s'enflammer au contact d'une flamme, d'une étincelle électrique, en produisant une détonation semblable à celle de la poudre. Cette inflammation des gaz combustibles ne peut cependant se faire si l'air n'est point mélangé dans une certaine proportion avec ces gaz, c'est-à-dire si l'oxygène de cet air ne vient point former leur combustion : aussi l'on remarque qu'une flamme s'éteint presque subitement, lorsqu'elle est plongée dans l'un des gaz combustibles.

Les gaz qui se forment dans les mines de charbon et qui sont, comme

---

1. Pour que la respiration des ouvriers puisse s'opérer sans difficulté et sans danger pour leur santé, il faut que l'air ne renferme point au delà de 0,25 à 0,30 p. 100 d'acide carbonique, c'est-à-dire de $2\frac{1}{2}$ à 3 pour 1000.

nous l'avons dit l'hydrogène, l'hydrogène protocarboné, l'hydrogène bicarboné et l'oxyde de carbone, exigent donc pour produire des détonations, leur mélange avec une certaine quantité d'air, pouvant fournir
l'oxygène indispensable pour la formation des combinaisons nouvelles
de gaz.

Les gaz combustibles qui se trouvent dans les mines sont donc tous
détonants lorsqu'ils sont en communication avec l'air, mais il y a des
limites supérieures et inférieures de mélange, où la détonation ne peut
s'effectuer, soit que l'air ne renferme point une assez grande quantité de
gaz combustible, soit que l'oxygène de cet air et par suite son volume,
ne soit point en assez grande quantité pour produire la combustion.

D'après les expériences si remarquables de Davy, Dumas, Bischoff, et
autres chimistes, rapportées dans un ouvrage de M. Hamal sur l'aération des mines, les limites extrêmes d'inflammation des gaz combustibles des mines sont, pour le gaz le plus inflammable, de 1/6 de gaz pour
la limite supérieure et 1/14 pour la limite inférieure.

Les produits de la combustion des gaz des mines sont différents pour
chacun de ces gaz.

Pour l'hydrogène bicarboné, la combinaison produite est de la vapeur
d'eau, de l'acide carbonique et de l'azote.

Pour l'hydrogène protocarboné, les produits de la déflagration sont
les mêmes, mais dans des proportions différentes.

Pour l'hydrogène, la combinaison produite est de la vapeur d'eau et
de l'azote.

Enfin pour l'oxyde de carbone, les produits formés sont acide carbonique et azote.

On remarquera que les gaz produits par la combustion sont tous délétères et ont des actions très-toxiques sur l'économie animale.

Lors de l'inflammation d'un de ces gaz ou de plusieurs gaz combustibles mêlés ensemble, la chaleur développée est immense, elle s'élève
entre 2000 et 2800 degrés, et elle produit une dilatation de 8 à 10 fois
le volume primitif.

On conçoit donc combien doit être terrible une détonation dans les
mines, puisque si les ouvriers n'ont point été atteints par la flamme,
c'est-à-dire s'ils n'ont point péri immédiatement par l'excès de chaleur
développée, ils se trouvent lancés à de grandes distances dans les galeries par le courant immense produit par l'augmentation du volume de
l'air, puis ensuite ils sont tirés avec force, en sens contraire, par le contre-
courant qui se forme, lorsque l'air reprend sa température normale, sur
le point où l'explosion s'est faite.

Ces détonations exposent donc la vie des malheureux mineurs, mais
elles ont encore beaucoup d'autres inconvénients, en détruisant une partie des blindages par le choc qu'elles produisent, et en occasionnant des
éboulements dans les galeries, de sorte que les ouvriers qui ont pu échap-

per aux atteintes des flammes et du choc de l'air, se trouvent isolés quel-
quefois entre deux éboulements et ils sont souvent condamnés à périr
par asphyxie, malgré l'activité qu'on déploie pour les sortir de leur tombeau.

Ces éboulements et surtout les ébranlements produits par les détonations, deviennent pour les propriétaires de mines des causes d'énormes
dépenses, parce qu'ils sont obligés de faire faire des travaux confortatifs
pour redonner aux galeries la solidité convenable.

Tous les gaz combustibles dégagés dans les mines, à l'exception cependant de l'oxyde de carbone, qui est heureusement peu abondant, ne
sont point délétères par eux-mêmes, c'est-à-dire qu'ils ne produisent
point les effets toxiques des gaz plus lourds que l'air; ils rendent l'air
moins respirable, parce qu'ils diminuent la quantité d'oxygène, et l'effet
de leur mélange dans l'air est à peu près celui produit par une diminution de pression au fur et à mesure que l'on s'élève dans l'atmosphère.
Cette propriété des gaz combustibles les rend plus dangereux parce que
les ouvriers ne s'aperçoivent point de suite de leur présence dans les galeries, et s'ils n'ont point le soin d'examiner la flamme de leur lampe de
sûreté, qui s'allonge au fur et à mesure que l'air se sature de ces gaz, ils
peuvent se trouver enveloppés, sans s'en douter, de mélanges détonants
qui peuvent faire explosion, par une étincelle sortant des lampes, ou
même par le choc d'un outil d'acier sur un corps dur et siliceux.

Tous les gaz combustibles, ainsi que nous venons de le dire, sont plus
légers que l'air, ils se logent naturellement dans les parties supérieures
des galeries, dans les joints des blindages, entre les chapeaux des fermes
et principalement dans les poches ou anfractuosités qui existent dans les
plafonds supérieurs des galeries, il est donc souvent difficile de les
chasser de ces réduits; ils se trouvent aussi dans les joints et fissures des
bancs de houille, avec de très-fortes pressions et lorsque les mineurs
taillent et abattent des masses de houille, ils se dégagent dans les
chantiers en assez grande abondance, surtout dans les houilles pulvé-
rulentes et dans celles qui ont de nombreuses fissures.

Tous les gaz qui se forment dans les mines, comme tous les gaz en
général, qu'ils soient plus lourds ou moins lourds que l'air, jouissent
de la propriété connue sous le nom de *diffusion*, c'est-à-dire qu'ils ont
une tendance à se mélanger avec l'air ambiant, lorsque cet air est agité,
mais on comprend que la diffusion est d'autant plus active que la densité
des gaz se rapproche davantage de celle de l'air. Lorsque le mélange
est opéré, il est souvent fort difficile de séparer les corps gazeux, et ce
n'est qu'avec un calme parfait et un temps assez long que la séparation
peut s'opérer.

Cette propriété de la diffusion des gaz, tout à fait analogue à celle des
mélanges des liquides, est d'un grand avantage pour obtenir, dans les
galeries des mines, le mélange des gaz avec l'air de ces galeries, parce

qu'en renouvelant cet air on peut enlever aussi tous les gaz dangereux, mais pour quelques gaz, comme l'hydrogène et l'hydrogène protocarboné, dont les densités sont si inférieures à celles de l'air, la diffusion est peu considérable et l'on a remarqué, dans un grand nombre de mines à *grisou*, que le dégagement du gaz hydrogène protocarboné (entrant, on le sait, pour la plus grande partie dans le grisou), n'opère point sa diffusion, ou l'opère avec beaucoup de difficulté, si le courant général de l'air de la galerie est contraire à celui que tend à suivre le gaz au moment de son dégagement.

CALCUL APPROXIMATIF DU VOLUME D'AIR A INTRODUIRE DANS UNE GALERIE DE MINE ET DANS UN CHANTIER DE 100 MINEURS.

Maintenant que nous avons, d'une manière succincte, expliqué les diverses causes qui rendent l'air des galeries des mines de houille irrespirable pour les ouvriers, dangereux par les explosions occasionnées par les gaz produits, nous allons chercher quel est le volume d'air qu'il serait nécessaire de fournir aux galeries et comment on devrait procéder pour obtenir la diffusion des gaz et accélérer leur sortie de la mine. Ce calcul, comme nous l'avons déjà dit, ne peut être que très-approximatif, parce qu'il n'est point le même pour toutes les mines; aussi nous croyons nécessaire, pour obtenir une aération convenable, d'augmenter dans une énorme proportion la quantité d'air à fournir, de manière à acquérir la certitude que cette masse d'air soit toujours de beaucoup supérieure à celle indispensable pour obtenir des mélanges non délétères.

Nous prendrons pour exemple une mine occupant, dans l'un de ses étages, un nombre de 100 ouvriers.

Ces 100 ouvriers, pour leur propre respiration, exigeront un volume d'air de 12 mètres chacun (ce chiffre a été reconnu indispensable pour des ouvriers, parce qu'ils ont besoin d'une plus grande quantité d'air pendant le travail qu'à l'état de repos). Le volume de l'air à renouveler, pour la respiration des ouvriers, est donc par heure de. .   1,200^{mc}

La quantité d'air vicié par les lampes est, d'après des expériences nombreuses, de 7 mètres cubes par heure, et comme les mineurs ont chacun une lampe, qu'il y a en outre des lampes suspendues dans les galeries, on peut estimer à 120 le nombre des lampes allumées, exigeant un volume d'air de.   840

Un atelier de mineurs, de l'importance de celui que nous considérons, exige au moins 6 chevaux consommant ou détériorant chacun de 25 à 30 cubes d'air par heure, ce qui nécessitera encore un cube de.   180

Il faudra encore, pour cet atelier de 100 hommes, environ

A reporter.   2,220

Report. 2,220

5 mètres cubes d'air par homme et 15 mètres cubes par cheval
pour enlever les miasmes et les produits de la décomposition des
matières excrémentielles qui restent forcément dans la mine,
soit pour cet article un cube par heure de. 590

2,810^{me}

Le volume d'air à renouveler, pour les causes de viciation que nous
venons d'énumérer, est donc de 2,810 mètres cubes par heure ou de
$0^m,78$ par seconde. Dans ce cas, la quantité d'acide carbonique peut être
maintenue entre 2 à 2 1/2 pour mille, c'est-à-dire ne peut avoir d'influence fâcheuse sous le rapport hygiénique.

Pour les gaz produits par la mine elle-même, le volume varie beaucoup d'une mine à l'autre, comme nous l'avons déjà dit; mais dans une
même mine le volume est à peu près proportionnel à la surface développée des galeries; aussi plus ces galeries ont de grandes longueurs et
plus le volume de ces gaz est considérable. D'après un très-grand nombre
d'observations faites dans les mines de *charbon à grisou*, on a reconnu
qu'il était nécessaire, pour bien aérer les galeries, que le volume d'air
introduit fût compris entre une fois le volume nécessaire à la respiration
des ouvriers et quatre fois ce même volume, c'est-à-dire que suivant la
nature du combustible de la mine, il était nécessaire pour obtenir l'entraînement des gaz formés naturellement, de donner de 2,800 à 11,200
mètres cubes d'air pur par heure, soit de $0^m,78$ à $3^m,12$ par seconde.

On peut donc supposer que pour bien aérer un atelier de 100 ouvriers
mineurs, il faudra introduire et faire circuler dans toutes les galeries de
$1^m,60$ à 4 mètres cubes d'air pur par seconde, et comme il vaut mieux
pécher dans ce cas par excès de prudence, nous pensons que c'est ce
volume de 4 mètres qu'on doit prendre pour base.

Nous croyons que les calculs qui précèdent donnent un volume d'air
plus que suffisant dans la plupart des cas; mais dans des mines excep-
tionnelles dégageant une très-grande quantité de gaz, on pourra augmenter le volume. Nous ne prenons donc ce volume d'air de 4 mètres que
comme base pour établir la comparaison entre les divers systèmes de
ventilation.

DES MOYENS ACTUELLEMENT EMPLOYÉS POUR LA VENTILATION DES
GALERIES DE MINES.

Pour aérer les galeries des mines, on emploie actuellement un grand
nombre de moyens; mais ils peuvent se classer en trois systèmes généraux
que nous allons décrire succinctement :

Le premier est celui de la ventilation naturelle, aidée au besoin par
un foyer de chaleur;

Le deuxième, celui de la ventilation par insufflation ;

Le troisième, celui de la ventilation par aspiration.

Dans toutes les mines, il y a au moins deux puits pour atteindre les couches de minerai à extraire : par l'un de ces puits on fait sortir les produits extraits et l'on introduit aussi les matériaux nécessaires à l'exploitation de la mine, comme bois pour les blindages, etc. Dans le second, on dispose les moyens d'introduction dans la mine des ouvriers et leur sortie, soit en posant des échelles, des escaliers, soit encore à l'aide de procédés mécaniques, mus par des chevaux ou par une machine à vapeur. Beaucoup de mines ont en outre d'autres puits servant à l'épuisement des eaux, ou à l'extraction des produits.

Comme la température de l'air des galeries est toujours plus considérable que celle de l'air extérieur, il se forme un courant ascendant dans l'un des puits, courant que l'on favorise en chauffant l'air de ce puits : l'air des galeries tend à se diriger naturellement vers ce point de sortie, il est renouvelé par l'air qui s'introduit par les autres puits et l'on aperçoit un courant d'air dans les galeries. Cette ventilation est peu active, surtout en été, où la différence de température entre l'air des galeries et l'air extérieur est peu considérable ; pour l'obtenir énergique, il faudrait chauffer beaucoup l'air du puits d'évacuation, ce qui rendrait son service impossible. Ce moyen de ventilation naturelle, aidé par la chaleur, a été reconnu insuffisant pour la plupart des mines, et il n'est employé seul que dans un petit nombre de cas.

La ventilation par insufflation se fait par des ventilateurs mécaniques, à force centrifuge ou à hélice, ou par des trompes lorsqu'on rencontre un cours d'eau près de l'orifice du puits. L'air est envoyé par le puits d'extraction dans les galeries, il suit ces galeries pour arriver dans les chantiers, puis il ressort par le puits destiné à la rentrée des ouvriers. Comme on peut disposer d'une force assez considérable sur le point où est installé le ventilateur, on peut, par ce moyen, envoyer dans les galeries la quantité d'air nécessaire à une bonne aération ; car il suffit, pour augmenter la vitesse du courant dans les galeries, et par suite le volume d'air insufflé, d'employer une force plus considérable en imprimant aux ventilateurs une vitesse de rotation plus grande, ou bien encore en augmentant le diamètre de ces ventilateurs.

Le troisième moyen de ventilation consiste à installer sur le puits de sortie de l'air des galeries des pompes d'aspiration, ou des ventilateurs aspirant l'air du puits. Dans ce cas, la dépression produite dans le puits attire l'air des galeries, il se forme un courant correspondant au degré de dépression produit dans le puits, et l'air des galeries renouvelé par les autres puits de la mine est rejeté dans l'atmosphère.

Ces trois systèmes ont donc l'avantage de renouveler l'air des mines, mais nous pensons qu'ils ne remplissent pas complétement le but qu'on se propose, et notre opinion à cet égard est malheureusement confirmée trop souvent par les catastrophes funestes qui arrivent dans les mines et qui se terminent par tant de morts ou de blessés.

Il ne suffit pas, en effet, de renouveler l'air respirable des mines; il faut encore expulser des galeries les gaz délétères et les gaz combustibles qui produisent les détonations, et comme ces gaz, suivant leur densité, se logent dans les parties supérieures ou inférieures des galeries, il est nécessaire, pour opérer leur diffusion, d'avoir un courant très-actif dans les galeries, ce qui exigerait une masse d'air considérable et de beaucoup supérieure à celle nécessaire pour le renouvellement de l'air. Les galeries des mines ont des sections bien différentes, elles varient entre $2^m,50$ et 7 mètres carrés : pour opérer un renouvellement complet de l'air et pour donner 4 mètres cubes par seconde, comme nous l'avons indiqué plus haut, il suffit d'obtenir une vitesse de $1^m,60$ à $0^m,60$ par seconde, c'est-à-dire très-faible. Cette vitesse est insuffisante pour produire la diffusion de tous les gaz qui se trouvent dans les plafonds supérieurs et inférieurs des galeries, d'autant plus qu'ils sont retenus en grande partie, comme nous l'avons déjà dit, par les saillies des bois formant les blindages.

Il y a encore une autre cause (et elle est majeure) qui isole la masse des gaz du courant formé dans les galeries. On sait, en effet, que les galeries suivent toujours l'inclinaison si variable des couches à exploiter, et que les directions de ces couches sont loin d'être uniformes; il en résulte que le profil longitudinal des galeries est tourmenté, qu'il présente des parties concaves et des parties convexes, comme le représente la figure 1 ci-jointe. (On a exagéré, ainsi que cela se fait ordinairement, l'échelle des hauteurs.) Sur cette coupe d'une galerie, nous avons indiqué la forme probable du courant d'air par une légère teinte bleue : cette forme ne peut guère varier, car l'air, comme tous les fluides en général, tend à suivre dans sa marche une ligne droite, et ce n'est qu'en rencontrant un obstacle qu'il opère une déviation dans sa direction. On remarquera dans ce profil que sur certains points et toujours dans les parties où la galerie présente un soulèvement ou un abaissement, la colonne d'air subit une diminution de hauteur aux points E E E, et par suite sur ces points la vitesse doit être plus grande pour obtenir le même débit; du reste cette observation a été constatée par les personnes qui fréquentent les galeries de mines : elles ressentent sur certains points des courants qu'elles n'avaient point remarqués sur d'autres. Cela tient d'une part, comme nous venons de le dire, à la différence de hauteur de la colonne d'air et aussi à des étranglements des galeries qui sont loin, comme on le sait, de présenter sur tout leur parcours des largeurs uniformes.

Dans le cas indiqué par la figure 1, et c'est, je crois, le plus général, il se forme dans le plafond inférieur des parties indiquées par les lettres A et B (hachées en noir) qui ne reçoivent point l'effet du courant, et comme ces parties sont, par leur disposition même, celles où les gaz délétères, plus lourds que l'air, doivent se déposer, il en résulte que la diffusion n'a point lieu ou s'opère avec beaucoup de difficulté dans les concavités B B un peu considérables, tandis que cette diffusion peut s'ob·tenir dans les concavités A A moins profondes.

Le même phénomène se présente dans les parties supérieures des galeries pour les gaz plus légers que l'air; il se forme des espaces C C et D D hachés ou rouge qui se trouvent en dehors du courant, ce qui empêche la diffusion de ces gaz pour les concavités considérables DD, tandis que celles C C peuvent être vidées par le principe d'entraînement.

Ainsi que nous l'avons déja dit, il y a encore d'autres causes qui empêchent la diffusion de ces gaz : d'une part, ce sont les chapeaux qui soutiennent les blindages, en formant entre eux des espaces à l'abri des courants, et d'autre part ce sont les éboulements assez nombreux qui ont lieu dans les plafonds supérieurs des galeries. Ces éboulements forment des poches, comme celle indiquée en H sur le profil n° 1. Ces excavations se remplissent de gaz, et le courant d'air de la galerie est dans l'impossibilité de les vider parce que l'action de la diffusion est trop éloignée.

Pour remédier à ces graves inconvénients, on place bien de distance en distance, sur les points où il y a des poches, des cloisons mobiles, comme celle indiquée par R S sur le profil n° 1, de manière que le courant d'air est obligé de lécher la partie supérieure de la galerie, mais ces cloisons ont un grand nombre d'inconvénients. D'abord elles gênent la circulation dans les galeries, et par suite les ouvriers ne les placent que lorsqu'ils ne peuvent faire autrement et souvent lorsque l'air supérieur est déja inflammable ; puis elles gênent beaucoup la circulation de l'air en lui présentant des obstacles, de sorte que la vitesse de cet air est ralentie dans les galeries.

Il résulte de ces effets physiques que, sur certains points inférieurs des galeries, les gaz délétères ne sont point entraînés et que dans les plafonds supérieurs et dans les poches, il reste encore une grande quantité de gaz combustibles qui, à un moment donné, par une cause accidentelle produite souvent par l'imprudence proverbiale des ouvriers, font des explosions.

On pourrait bien, par une ventilation plus active, c'est-à-dire en produisant dans les galeries une vitesse plus grande, augmenter beaucoup la diffusion et opérer le mélange d'une plus grande quantité de gaz avec l'air des galeries ; mais dans ce cas il faudrait employer une force beaucoup plus grande, car l'on sait que la force nécessaire est proportionnelle au carré des vitesses. Je crois, en outre, qu'on ne pourrait arriver à un mélange complet des gaz combustibles, parce qu'ils ont, par leur densité, très-peu de tendance à se mêler avec l'air, et puis aussi parce qu'ils se logent dans des cavités trop isolées du courant.

Nous ne parlerons point des résistances nombreuses que l'air éprouve pour circuler dans les galeries par suite des aspérités des parois, des étranglements et des coudes brusques que les galeries forment entre elles, et l'on sait combien ces coudes sont nombreux dans une mine exploitée par galeries, présentant une très-grande longueur sur une petite surface. Aussi, pour que l'aérage des galeries soit complet, il faut presque toujours avoir des portes pour fermer les issues directes et pour forcer l'air de suivre toutes les sinuosités des galeries, soit en projection horizontale, soit en projection verticale ; ces causes de diminution de la vitesse du courant d'air sont les mêmes dans tous les cas, et doivent être combattues par un excédant de puissance des ventilateurs et, par suite, par une plus grande consommation de houille.

Nous ferons seulement remarquer que dans le cas d'accident, si des éboulements viennent à isoler les chantiers des puits d'aérage, les ouvriers sont livrés à une mort certaine par asphyxie, si l'on ne peut enlever rapidement ces éboulements et pénétrer jusqu'à eux avant qu'ils aient consommé et rendu irrespirable le petit volume de l'air de leur prison, et l'on peut presque dire de leur tombeau.

DE LA VENTILATION PAR L'AIR COMPRIMÉ. Pour remédier aux inconvénients que nous venons de signaler d'une manière générale et pour rendre plus efficace et plus complète la ventilation des mines, nous avons la conviction que l'emploi du système de la ventilation par l'air comprimé peut être employé avec beaucoup d'avantage. Nous allons indiquer les dispositions générales qu'il conviendrait d'adopter pour l'emploi de ce système, et aussi faire ressortir les avantages qu'on pourrait en retirer.

Deux puits d'aérage sont nécessaires, comme dans les autres systèmes de ventilation : l'un pour la rentrée de l'air pur, l'autre pour la sortie de l'air vicié et des gaz qui se forment dans les galeries. Un tube en fer d'un diamètre variable, selon l'importance de la mine, partirait du sommet du puits où se ferait la rentrée de l'air, descendrait jusqu'au niveau des galeries à ventiler, suivrait le cours des galeries principales, irait jusqu'aux chantiers de travail des ouvriers, puis il reviendrait ensuite par les galeries qui conduisent au puits de sortie de l'air et se terminerait à l'orifice supérieur de ce puits. Sur ce tube principal viendraient s'embrancher d'autres tubes, de diamètres plus petits, qui suivraient les galeries secondaires, de manière que le réseau des galeries puisse recevoir, sur tous les points, un jet d'air comprimé.

A l'aide d'une partie de la force de la machine à vapeur placée près du puits de rentrée de l'air et d'une pompe de compression, on refoulerait de l'air comprimé dans toute la longueur de ces tubes, à une pression qu'on calculera suivant l'importance de la mine, et par suite suivant la quantité d'air comprimé qu'on devrait employer pour maintenir à peu près constante la pression dans toute la longueur de la conduite.

Dans le puits d'entrée de l'air, à l'aide d'une tubulure sur le tube de conduite de l'air comprimé, on dirigera un jet moteur dans le sens de la profondeur. Par suite du principe d'entraînement, l'air extérieur se précipitera dans le puits, et l'on obtiendra ainsi une rentrée d'air pur d'un volume déterminé, puisque, ainsi que cela vous a été expliqué par M. de Mondesir dans la dernière séance, il suffit de faire varier la pression où le diamètre de sortie de l'air pour produire une vitesse déterminée suivant le diamètre du puits.

Remarquons tout d'abord que ce premier jet remplace les ventilateurs mécaniques, et que probablement, avec une force moindre, on obtiendra les mêmes résultats qu'avec les ventilateurs les mieux établis.

Comme l'air dans sa marche éprouve des résistances par le frottement sur les parois, et que dans les galeries ces résistances sont fort grandes par suite des aspérités, des coudes et aussi par les objets encombrants dont elles sont si souvent embarrassées, on peut, suivant l'état de ces galeries, compenser ces frottements par de petits jets supplémentaires d'air comprimé, établis de distance en distance et principalement sur les points où il y a des étranglements dans les galeries et sur ceux où ces galeries forment des coudes très-brusques. Ces jets supplémentaires peuvent être considérés comme des renforts, et l'on pourra avec leur aide maintenir une vitesse constante dans toute la longueur des galeries. Ce résultat immense ne peut être obtenu par le système de ventilateurs mécaniques, puisqu'aucune force supplémentaire, aucun renfort, ne peut venir compenser la perte de charge si grande due aux frottements.

L'établissement de ces jets supplémentaires sera facile, puisqu'il suffira de poser des tubulures sur les tubes de conduite de l'air comprimé pour en faire sortir un jet qu'on pourra calculer suivant les besoins, et qui d'ailleurs sera toujours très-peu considérable.

Un échappement d'air comprimé serait également établi près des chantiers d'abattage, afin de maintenir sur ce point le courant d'air très-actif, et aussi pour produire un mélange complet de l'air entraîné avec les gaz développés, dans cette partie, en plus grande abondance que sur les autres.

Un ou plusieurs jets supplémentaires d'air comprimé seraient aussi établis dans la galerie qui conduit au puits de sortie de l'air ; enfin un dernier jet serait lancé dans le puits de sortie de l'air et dans le sens de cette sortie, afin de faciliter l'évacuation de l'air des galeries et des gaz qui se seront mélangés avec lui, soit par le principe de l'entraînement, soit par celui de la diffusion.

On remarquera que ce mode de ventilation se trouve complétement dans le même sens que la ventilation naturelle produite par la différence des températures de l'air des galeries et de l'air extérieur, et qu'il facilite cette ventilation naturelle : on remarquera également que ce nouveau système a les avantages du mode d'insufflation et du mode d'aspiration ; aussi nous avons la conviction qu'il doit être très-énergique et que la ventilation doit être complète.

Dans la description générale que nous avons faite précédemment des systèmes employés pour les galeries de mines, nous avons fait remarquer que les gaz délétères et les gaz combustibles, suivant leur densité, se logent dans les concavités produites par le profil des galeries, et dans les poches formées soit par les éboulements des plafonds, soit par les vides entre les bois des blindages ; et dans la figure 1, nous avons indiqué la forme probable du courant de ventilation, qui laisse en dehors de son action les cavités B remplies de gaz délétères, et celles D D contenant des gaz combustibles pouvant produire des détonations. Avec l'emploi du système que nous proposons, le mélange des gaz de ces cavités avec l'air de la galerie peut être facilement opéré. Dans la figure 2 nous avons pris le même profil que celui de la figure 1, et nous avons indiqué aussi la forme probable et approximative du courant d'air dans les galeries, lorsque la ventilation s'opérera, soit par un système, soit par l'autre. Dans cette figure 2 nous avons tracé en bleu le tube de conduite d'air comprimé sur l'une des parois du puits d'aérage et dans le sol de la galerie, pour qu'il ne puisse gêner la circulation. Nous avons indiqué, dans le puits d'entrée de l'air, le jet d'air comprimé moteur qui procure l'entraînement du volume d'air nécessaire à l'aération complète des galeries. Au point *m* nous avons placé un jet supplémentaire ou de renfort pris par une tubulure *n* sur le tube de conduite de l'air comprimé (ce jet a pour but, ainsi que nous l'avons dit, de maintenir la même vitesse de l'air dans toute la longueur des galeries, c'est-à-dire qu'il a pour résultat de compenser les pertes de charge produites par les frottements de l'air sur les parois des galeries). Pour produire la diffusion ou l'entraînement des gaz détonnants dans la concavité D, qui se trouve par sa disposition en dehors du courant, nous pensons qu'il conviendrait d'établir une cloison en planches, isolant complétement cet espace D de la galerie, et de laisser aux deux extrémités des ouvertures pour la rentrée de l'air ou la sortie des gaz ; on établirait alors en P une tubulure sur le tube de conduite d'air comprimé, et par un petit tube placé le long d'une des parois de la galerie on ferait une injection en O, à l'entrée de la gaîne ; l'air de la galerie serait attiré suivant la flèche du profil : il formerait un courant actif, entraînerait tous les gaz et les rejetterait dans la galerie au point R, dans le courant général, après avoir opéré la diffusion complète des gaz renfermés, soit dans cette gaîne, soit dans les poches du plafond.

Il serait établi également dans les cavités inférieures, comme on l'a indiqué en B, des gaînes et des jets d'air comprimé O', pour entraîner les gaz délétères qui se déposent dans la partie inférieure et qui ne peuvent opérer leur diffusion dans l'air de la galerie, parce qu'ils sont trop en dehors du courant général.

Avec l'adoption du système de ventilation par l'air comprimé, avec les précautions peu coûteuses que nous venons d'indiquer, avec la division si facile de la force motrice de l'air comprimé et son emploi sur les points des galeries où il serait nécessaire de l'employer on pourrait opérer une ·ventilation complète; on pourrait obtenir la diffusion complète de tous les gaz formés dans les galeries, et les chasser en dehors de la mine. et, par suite, éviter tous les sinistres qu'on a trop souvent à enregistrer dans les sombres annales des mines.

Le système que nous proposons de la ventilation par l'air comprimé aurait sans doute besoin de plus grands développements, mais nous n'avons point voulu fatiguer trop longtemps votre attention, et nous avons cru devoir nous borner à une description générale de notre système, pour en faire comprendre les avantages.

Nous croyons cependant utile de dire encore qu'en cas de catastrophe dans une mine, dans celui où des éboulements viendraient à se produire dans les galeries, les ouvriers qui se trouveraient renfermés dans un espace presque toujours très-restreint, entre deux éboulements, pourraient cependant, par le moyen de la conduite principale d'air comprimé ou des tubes d'embranchement qui parcourent toutes les galeries, recevoir l'air nécessaire à leur respiration. Par ces conduites servant de tuyaux d'acoustique on pourrait communiquer avec les ouvriers, et même on pourrait leur transmettre des aliments liquides confortatifs. Cet avantage serait immense, et réuni à ceux que nous avons déjà énuméré, il donnerait une sécurité qu'on ne rencontre point dans les autres systèmes de ventilation; il arracherait à une mort presque certaine un très-grand nombre d'ouvriers qui périssent par asphyxie, enfin il diminuerait, dans une notable proportion, les dépenses causées aux propriétaires des mines dans le cas malheureusement si fréquent de catastrophes.

La dépense annuelle, occasionnée par le système de ventilation que nous venons de vous exposer, pourrait facilement, en faisant varier la pression de l'air moteur, arriver à un taux inférieur à celle nécessaire pour l'emploi des ventilateurs mécaniques. Dans tous les cas, cette dépense ne sera pas supérieure : il resterait donc seulement la dépense première de l'installation, qui ne serait point très-grande, puisqu'elle se bornerait, comme nous l'avons dit, à la pose d'une conduite et d'embranchements dans les galeries, pour l'air comprimé moteur. Cette première dépense une fois faite, et elle serait peu élevée, les avantages qu'on pourrait en retirer nous paraissent tellement nombreux, que les propriétaires des mines ne devraient point, à notre avis, hésiter un seul moment à l'effectuer, parce qu'ils retrouveraient une valeur bien plus grande, en évitant les accidents et leurs terribles conséquences, et en rendant plus commode l'exploitation de leurs mines.

Pour produire un cube d'air de 4 mètres cubes dans les galeries par seconde, chiffre que nous avons déterminé plus haut, et pour l'introduire par le puits que nous supposerons de 4 mètres carrés, c'est-à-dire d'un diamètre de $2^m,25$, en employant de l'air comprimé à une atmosphère, il faudrait un jet moteur de $0^m,0055$, suivant la formule que M. de Mondesir vous a fait connaître dans son exposé de la théorie de la ventilation par l'air comprimé :

$$u = 404\,\frac{d}{D}\,\sqrt{\mu}.$$

Dans ce cas la vitesse u est de $1^m,00$ par seconde.

Ce jet de $0^m,0055$ de diamètre, en supposant 286 mètres par seconde pour la vitesse d'échappement de l'air à une atmosphère, exigera un cube d'air comprimé de 6 litres, 89 par seconde ou 24 mètres cubes par heure, correspondant à une force d'un cheval 3/4 vapeur ou à $4^k,37$ de charbon par heure.

Avec cette force minime on est assuré de la rentrée de 4 mètres cubes d'air dans les galeries de la mine : si l'on ajoute une force double, pour les relais ou renforts qui seraient établis dans les galeries, pour compenser la perte de charge due aux frottements et pour les jets supplémentaires qu'il faudrait établir pour opérer la diffusion des gaz et leur entraînement, on voit qu'avec une force motrice de 5 à 6 chevaux-vapeur, c'est-à-dire avec une consommation de $12^k,50$ à 15 kilog. de charbon par heure, on pourrait établir la ventilation complète des galeries.

M. de Mondesir vous a expliqué, lorsqu'il vous a parlé des expériences faites au Champ de Mars, sous la direction de M. Tresca, qu'on avait obtenu une rentrée d'air dans les galeries de 13 à 14,000 mètres cubes à la vitesse d'un mètre, par force de cheval-vapeur et par heure, soit environ 4 mètres par seconde. En supposant que pour compenser les frottements de l'air dans les galeries on soit obligé de quintupler cette force, on voit que l'on arriverait à peu près au résultat que nous vous avons signalé plus haut, et qu'avec une force de cinq à six chevaux-vapeur on pourrait ventiler de la manière la plus effective possible les galeries d'une mine[1]; que, par ce moyen, on pourrait donner aux ouvriers tout l'air nécessaire pour leur respiration, mais encore, on produirait la diffusion et l'entraînement de tous les gaz délétères ou combustibles, et que, par suite, on éviterait tous les inconvénients des travaux souterrains, et surtout ceux qui résultent des inflammations des gaz combustibles.

Dans presque toutes les mines de houille, il y a plusieurs bancs à ex-

---

[1]. Comme dans les mines de houille le prix du charbon, au carreau de la mine, ne dépasse guère 1 fr. 20 c. p. 100 kil., la dépense du combustible du moteur ne serait que de 18 centimes par heure ou de 4 fr. 30 c. par 24 heures. Pour les autres frais, c'est-à-dire pour le salaire des mécaniciens, chauffeurs, etc., ils sont compris dans la dépense relative à la remonte des produits de la mine, et il n'y a point lieu de les compter dans la dépense de ventilation.

ploiter, placées à des niveaux différents, et par suite plusieurs étages de galeries ; on comprend que dans ce cas, presque général, il faudrait établir un système de conduite d'air comprimé pour chacun des étages, pour s'en servir comme nous l'avons expliqué précédemment. Il faudrait alors donner à la conduite maîtresse dans le puits d'introduction de l'air un diamètre plus grand et en rapport avec la dépense calculée de l'air comprimé dans les différents étages de galeries. On donnerait aussi un diamètre plus grand au premier jet moteur, afin de faire entrer dans le puits d'aérage le volume d'air nécessaire à tous les étages des galeries.

PARIS. — IMPRIMERIE P.-A. BOURDIER ET Cie, RUE DES POITEVINS, 6.
Imprimeurs de la Société des Ingénieurs civils.

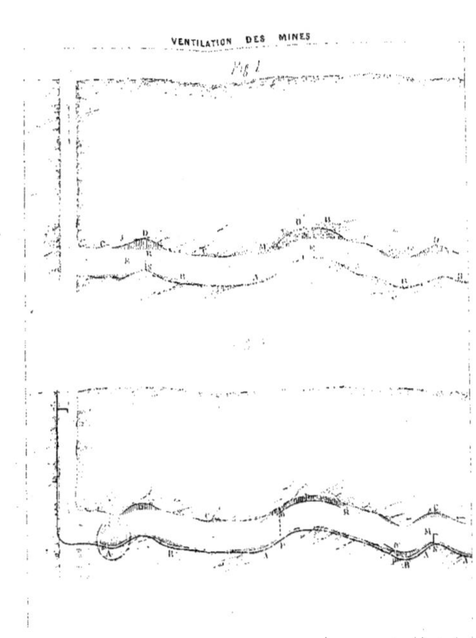

VENTILATION DES MINES
Fig 1